TEOLOGIA DE UMBANDA
E SUAS DIMENSÕES

© 2017, Editora Anúbis

Revisão:
Viviane Lago Propheta

Apoio cultural:
Rádio Sensorial FM web
www.sensorialfm.com.br

Projeto gráfico e capa:
Edinei Gonçalves

Dados Internacionais de Catalogação na Publicação (CIP)
(Câmara Brasileira do Livro, SP, Brasil)

Barbosa Júnior, Ademir
  Teologia de umbanda e suas dimensões / Ademir Barbosa Júnior (Dermes). -- São Paulo: Anúbis, 2017.

  Bibliografia.
  ISBN 978-85-67855-36-3

  1. Orixás 2. Umbanda (Culto) I. Título.

16-01140   CDD-299.60981

Índices para catálogo sistemático:
1. Umbanda : Religiões
    afro-brasileiras   299.60981

São Paulo/SP – República Federativa do Brasil
Printed in Brazil – Impresso no Brasil

Este livro segue as novas regras do Acordo Ortográfico da Língua Portuguesa.

Os direitos de reprodução desta obra pertencem à Editora Anúbis. Portanto, não é permitida a reprodução total ou parcial desta obra, de qualquer forma ou por qualquer meio eletrônico, mecânico, inclusive por meio de processos xerográficos, incluindo ainda o uso da internet, sem a permissão expressa por escrito da Editora (Lei nº 9.610, de 19.2.98).

Distribuição exclusiva
Aquaroli Books
Rua Curupá, 801 – Vila Formosa – São Paulo/SP
CEP 03355-010 – Tel.: (11) 2673-3599
atendimento@aquarolibooks.com.br

Impressão e acabamento: Mark Press Brasil

Para Karol, Lucas e Valentina, que a Umbanda me trouxe... Saravá!

Para os irmãos Leonardo Boff (espírito franciscano pulsando em toda parte) e Frei Betto (interlocutor sempre presente, fisicamente perto ou a distância), na certeza de que não existe Teologia bafejada pelo Espírito que não seja de e para a Libertação, em todos os níveis. Abraço, gratidão e Axé!

A Umbanda é uma religião de inclusão, desde o seu pressuposto, como deixou claro o Caboclo das Sete Encruzilhadas: "Com os espíritos mais evoluídos aprenderemos. Aos espíritos menos evoluídos ensinaremos e a nenhum renegaremos.". Portanto, na Umbanda não há (ou não deveria haver) exclusão, expulsão, boicote, diferença pautada por interesses diversos ou conta bancária, indiferença, que dirá ex-co-mu-nhão.

A graça da Umbanda está na diversidade de fundamentos, rituais e outros, na união, e não na unificação.

A Umbanda não precisa de uma liderança central, mas de líderes centrados.

Ademir Barbosa Júnior
(Dermes)

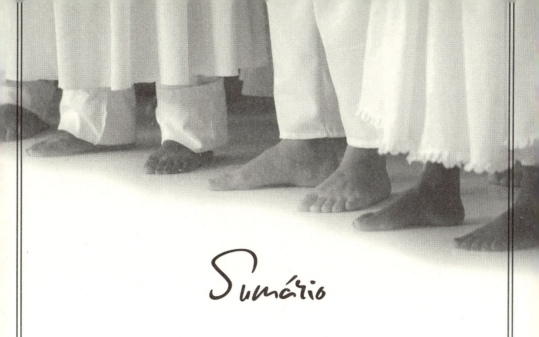

Sumário

A dimensão da religião de Umbanda 15
    Significado 15
    Formação 18
    Histórico. 18
    Matrizes 33
    Sincretismo 34
A dimensão da identidade e da diversidade 39
    Hino da Umbanda 39
    Bandeira da Umbanda 41
    Segmentos umbandistas 42
A dimensão da crença. 49
    Monoteísmo. 49
    Crença nos Orixás 49
    Crença nos Anjos. 50
    Crença em Jesus Cristo. 50
    Crença na ação dos espíritos 52
    Crença nos Guias e Guardiões 52
    Crença na reencarnação 52
    Crença na Lei de Ação e Reação 52

Crença na mediunidade 52
A dimensão da divindade 55
Características do estudo dos Orixás. 55
Qualidades 57
Registros. 57
Pontos cantados. 57
MPB 58
Orixás na Umbanda 58
Oxalá. 63
Ogum 65
Oxóssi 67
Xangô 69
Oxum 73
Iansã 75
Nanã 77
Iemanjá 78
Obaluaê 80
Outros Orixás cultuados na Umbanda. 83
Exu. 83
Oxumaré 85
Obá. 88
Ibejis 89
Tempo 91
Logun-Edé 92
Ossaim. 93
A dimensão do sagrado I 97
As Sete Linhas 97
Linhas maiores de trabalho na Umbanda 97
Oxalá. 102
Iemanjá 103

Xangô	103
Ogum	104
Oxóssi	105
Yori.	105
Yorimá.	106
Baianos	107
Cangaço	108
Malandros.	108
Boiadeiros	110
Marinheiros.	111
Ciganos	112
Santa Sara	113
Oração popular	114
Oriente.	114
Mentores de cura (Linha de Cura)	116
A dimensão do sagrado II	121
Esquerda.	121
Exus	126
Exu Mirim e Pombogira Mirim	128
Pombogiras	128
Linha dos Exus	129
A dimensão das faces/fases do sagrado	133
Caboclos.	133
Pretos Velhos	138
Crianças.	140
Elementais.	141
A dimensão da hierarquia	143
O terreiro	147
A dimensão da liturgia	153
Giras.	153

Teologia de Umbanda e suas Dimensões

Defumações 154
Sacudimentos 154
Sacramentos 154
Obrigações 156
Toques 158
Pontos cantados 159
Pontos riscados 162
Ervas 163
Banhos 163
Bebidas 165
Fumo 165
Uniforme 166
Guias 167
Velas 168
O corte (sacrifício ritual) 170
A dimensão do corpo 175
O corpo 175
Desejo: sublimação ou transcendência 176
Chacras 178
Bioética 184
Saudações 187
Algumas posturas 190
A dimensão da prece 193
Orações 193
A dimensão ecológica 201
Compostagem orgânica 202
Sistema de incineração 203
A dimensão dialógica 205
A Umbanda e a Espiritualidade no Terceiro Milênio . . 205
Holismo 205

Ecumenismo e Diálogo Inter-religioso 206

Valorização da vivência/experiência pessoal 210

Fé e cotidiano: a concretude da fé. 210

Fé e Ciência: uma parceria inteligente 210

Simplicidade 211

Leitura e compreensão do simbólico 211

Cooperativismo. 212

Liderança: autoridade não rima com autoritarismo . . 212

O exercício do livre-arbítrio. 212

A dimensão do presente: a juventude 213

A dimensão do presente: a tradição 217

A dimensão da inclusão 219

Gênero. 219

Tradição, autoridade e autoritarismo. 221

Bullying espiritual 221

Marmota ou Marmotagem 222

Trauma e recomeço 223

Preconceito na família 224

Mulheres. 227

Umbanda pé no chão. 229

Bibliografia. 231

Livros 231

Jornais e revistas 239

Sítios na Internet 239

O autor 243

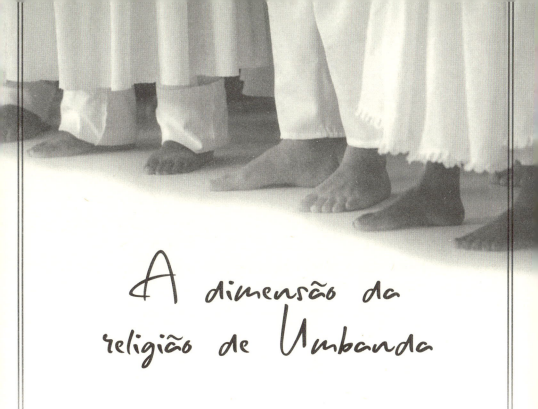

A dimensão da religião de Umbanda

SIGNIFICADO

Em linhas gerais, etimologicamente, Umbanda é vocábulo que decorre do Umbundo e do Quimbundo, línguas africanas, com o significado de "arte de curandeiro", "ciência médica", "medicina". O termo passou a designar, genericamente, o sistema religioso que, dentre outros aspectos, assimilou elementos religiosos afro-brasileiros ao espiritismo urbano (kardecismo).[1]

Quanto ao sentido espiritual e esotérico, Umbanda significa "luz divina" ou "conjunto das leis divinas". A magia branca praticada pela Umbanda remontaria, assim, a outras eras do planeta, sendo denominada pela palavra sagrada Aumpiram, transformada em Aumpram e, finalmente, Umbanda.

---

1. Embora não seja consenso o uso do termo "Kardecismo" como sinônimo de "Espiritismo", ele é aqui empregado por ser mais facilmente compreendido.

De qualquer maneira, houve quem tivesse anotado, durante a incorporação do Caboclo das Sete Encruzilhadas anunciando o nome da nova religião, o nome "Allabanda", substituído por "Aumbanda", em sânscrito, "Deus ao nosso lado" ou "o lado de Deus".

Conhecida nos meios esotéricos como a Senhora da Luz Velada, a Umbanda se revela à compreensão humana, pouco a pouco, de modo a acolher e agregar todos aqueles que desejem abrigar-se e/ou trabalhar sob sua bandeira sincrética e, portanto, ecumênica.

Na Umbanda não se faz nada que fira o livre-arbítrio, assim como na Espiritualidade nada acontece que fira as Leis Divinas, cujos pressupostos conhecemos apenas palidamente. Conforme um lindo ponto cantado, "na minha aldeia/lá na Jurema/ninguém faz nada sem ordem suprema".

A Umbanda é uma religião inclusiva, acolhendo a todos, no plano astral e no plano físico, indistintamente. Todos os que desejem engrossar suas fileiras de serviço ao próximo concomitante ao autoaperfeiçoamento são bem-vindos. Não há distinção de cor, classe social, orientação/condição sexual e/ou de gênero etc.

As portas estão sempre abertas a todos que desejem frequentar as giras, os tratamentos espirituais, as festas, contudo a Umbanda não faz proselitismo e a decisão de se tornar umbandista e filiar-se a determinada casa é pessoal e atende também à identificação ou não dos Orixás com a casa em questão.

Tanto para entrar como para sair as portas estão abertas. Se algum desequilíbrio ocorre com o médium, em especial se resolve deixar a casa, certamente não é "castigo" do Orixá, mas porque está com a coroa aberta. Imagine-se um rádio mal sintonizado, captando sons confusos, às vezes até mesmo incompreensíveis. Quando se trabalha responsavelmente com energias, o que se abre se fecha. Dessa forma, se alguém decide encerrar suas atividades como médium (de qualquer categoria), é necessário e mais prudente não desaparecer do terreiro, mas pedir que o dirigente espiritual "retire a mão", como se diz comumente.

Cuidar do Ori (da cabeça) de alguém é uma grande responsabilidade. A fim de não haver choques energéticos, o médium deve ser disciplinado, não "pular de casa em casa" e, também em caso de falecimento do/da dirigente espiritual, buscar auxílio seguro com quem possa assumir os cuidados de sua cabeça.

Por vários métodos seguros que se completam um médium conhece seus Orixás, Guias e Guardiões. Em uma casa de Umbanda (há quem tenha mediunidade ostensiva, mas nunca chegue a um templo umbandista), por exemplo, pela orientação e supervisão seguras do Guia da casa; pelos pontos riscados pelas Entidades quando o médium incorpora; pela terceira visão (acompanhada pelo Guia da casa) e, sobretudo, pelo jogo de búzios feito pelo dirigente espiritual ou pelo próprio Guia da casa onde essa prática é comum.

Infelizmente, a diversidade de fundamentos (circula nas redes sociais uma campanha extremamente saudável com o slogan "Respeite a Umbanda que seu irmão cultua!") por vezes é confundida com irresponsabilidade. Promessas de amarração e de se trazer o amor de volta (querendo ele ou não), mistificações diversas, animismo de médiuns indisciplinados e outras situações gravíssimas acirram o desconhecimento e o preconceito contra a Umbanda e as religiões de matriz africana como um todo.

Pelo fato de ter nascido em solo brasileiro e ser caracteristicamente sincrética, a Umbanda é chamada de religião genuinamente brasileira. Obviamente não é a única religião a nascer no Brasil. O próprio Candomblé, tal qual o conhecemos, nasceu no Brasil, e não em África, uma vez que naquele continente o culto aos Orixás era segmentado por regiões (cada região e, portanto, famílias/clãs cultuavam determinado Orixá ou apenas alguns). No Brasil os Orixás tiveram seus cultos reunidos em terreiros, com variações, evidentemente, assim como com interpenetrações teológicas e litúrgicas das diversas nações. Há outras religiões que nasceram em solo brasileiro, como por exemplo, mais recentemente, o Vale do Amanhecer, que também cultua a seu modo Orixás, Pretos Velhos e Caboclos.

FORMAÇÃO

"Seita" geralmente refere-se pejorativamente a grupos de pessoas com práticas espirituais que destoem das ortodoxas.

A Umbanda, por outro lado, é uma religião constituída, com fundamentos, teologia própria, hierarquia, sacerdotes e sacramentos. Suas sessões são gratuitas, voltadas ao atendimento holístico (corpo, mente, espírito), à prática da caridade (fraterna, espiritual, material), sem proselitismo. Em sua liturgia e em seus trabalhos espirituais vale-se do uso dos quatro elementos básicos: fogo, terra, ar e água.

É muito interessante fazer o estudo comparativo da utilização dos elementos, tanto por encarnados como pela Espiritualidade, na Umbanda, no Candomblé, no Xamanismo, na Wicca, no Espiritismo (vide obra de André Luiz), na Liturgia Católica (leia-se o trabalho de Geoffrey Hodson, sacerdote católico liberal) etc.

HISTÓRICO

Este é um breve histórico do nascimento oficial da Umbanda, embora, antes da manifestação do Caboclo das Sete Encruzilhadas e do trabalho de Zélio Fernandino, houvesse atividades religiosas semelhantes ou próximas, no que se convencionou chamar de macumba.[2] No Astral, a Umbanda antecipa-se em muito ao ano de 1908 e diversos segmentos localizam sua origem terrena em civilizações e continentes que já desapareceram.

Zélio Fernandino de Moraes, um rapaz de 17 que se preparava para ingressar na Marinha, em 1908 começou a ter aquilo que a família, residente em Neves, no Rio de Janeiro, considerava ataques. Os supostos ataques colocavam o rapaz na postura de um velho, que parecia ter vivido em outra época e dizia coisas incompreensíveis para os familiares; noutros momentos, Zélio parecia uma espécie de felino que demonstrava conhecer bem a natureza.

Após minucioso exame, o médico da família aconselhou fosse ele atendido por um padre, uma vez que considerava o rapaz possuído. Um familiar achou melhor levá-lo a um centro espírita, o que realmente aconteceu: no dia 15 de novembro Zélio foi convidado a tomar assento à mesa da sessão da Federação Espírita de Niterói, presidida à época por José de Souza.

Tomado por força alheia à sua vontade e infringindo o regulamento que proibia qualquer membro de ausentar-se da mesa, Zélio levantou-se e declarou: "Aqui está faltando uma flor". Deixou a sala, foi até o jardim e voltou com uma flor, que colocou no centro da mesa, o que provocou alvoroço. Na sequência dos trabalhos, manifestaram-se nos médiuns espíritos apresentando-se como negros escravos e índios. O diretor dos trabalhos, então, alertou os espíritos sobre seu atraso espiritual, como se pensava comumente à época, e convidou-os a se retirarem. Novamente uma força tomou Zélio e advertiu: "Por que repelem a presença desses espíritos, se

---

2. O termo aqui não possui aqui obviamente conotação negativa.

nem sequer se dignaram a ouvir suas mensagens? Será por causa de suas origens sociais e da cor?".

Durante o debate que se seguiu, procurou-se doutrinar o espírito, que demonstrava argumentação segura e sobriedade. Um médium vidente, então, lhe perguntou: perguntou: "Por que o irmão fala nestes termos, pretendendo que a direção aceite a manifestação de espíritos que, pelo grau de cultura que tiveram, quando encarnados, são claramente atrasados? Por que fala deste modo, se estou vendo que me dirijo neste momento a um jesuíta e a sua veste branca reflete uma aura de luz? E qual o seu nome, irmão?" Ao que o interpelado respondeu: "Se querem um nome, que seja este: sou o Caboclo das Sete Encruzilhadas, porque para mim, não haverá caminhos fechados. O que você vê em mim, são restos de uma existência anterior. Fui padre e o meu nome era Gabriel Malagrida. Acusado de bruxaria, fui sacrificado na fogueira da Inquisição em Lisboa, no ano de 1761. Mas em minha última existência física, Deus concedeu-me o privilégio de nascer como caboclo brasileiro."

A respeito da missão que trazia da Espiritualidade, anunciou: "Se julgam atrasados os espíritos de pretos e índios, devo dizer que amanhã estarei na casa de meu aparelho, às 20 horas, para dar início a um culto em que estes irmãos poderão dar suas mensagens e, assim, cumprir missão que o Plano Espiritual lhes confiou. Será uma religião que falará aos humildes, simbolizando a igualdade que deve existir entre todos os irmãos, encarnados e desencarnados."

Com ironia, o médium vidente perguntou-lhe: "Julga o irmão que alguém irá assistir a seu culto?" O Caboclo das Sete Encruzilhadas lhe respondeu: "Cada colina de Niterói atuará como porta-voz, anunciando o culto que amanhã iniciarei." E concluiu: "Deus, em sua infinita Bondade, estabeleceu na morte o grande nivelador universal, rico ou pobre, poderoso ou humilde, todos se tornariam iguais na morte, mas vocês, homens preconceituosos, não contentes em estabelecer diferenças entre os vivos, procuram levar essas mesmas diferenças até mesmo além da barreira da morte. Por que não podem nos visitar esses humildes trabalhadores do espaço, se apesar de não haverem sido pessoas socialmente importantes na Terra, também trazem importantes mensagens do além?"

No dia seguinte, 16 de novembro, na casa da família de Zélio, à rua Floriano Peixoto, 30, perto das 20h, estavam os parentes mais próximos, amigos, vizinhos, membros da Federação Espírita e, fora da casa, uma multidão. Às 20h manifestou-se o Caboclo das Sete Encruzilhadas e declarou o início do novo culto, no qual os espíritos de velhos escravos, que não encontravam campo de atuação em outros cultos africanistas, bem como de indígenas nativos do Brasil trabalhariam em prol dos irmãos encarnados, independentemente de cor, raça, condição social e credo. No novo culto, encarnados e desencarnados atuariam motivados por princípios evangélicos e pela prática da caridade.

O Caboclo das Sete Encruzilhadas também estabeleceu as normas do novo culto: as sessões seriam das 20h às 22h, com atendimento gratuito e os participantes uniformizados de branco. Quanto ao nome seria Umbanda: Manifestação do Espírito para a Caridade. A casa que se fundava teria o nome de Nossa Senhora da Piedade, inspirada em Maria, que recebeu o filho nos braços. Assim a casa receberia todo aquele que necessitasse de ajuda e conforto. Após ditar as normas, o Caboclo respondeu a perguntas em latim e alemão formuladas por sacerdotes ali presentes. Iniciaram-se, assim, os atendimentos, com diversas curas, inclusive a de um paralítico.

No mesmo dia, manifestou-se em Zélio um Preto-Velho chamado Pai Antônio, o mesmo que havia sido considerado efeito da suposta loucura do médium. Com humildade e aparente timidez, recusava-se a sentar-se à mesa, com os presentes, argumentando: "Nego num senta não, meu sinhô, nego fica aqui mesmo. Isso é coisa de sinhô branco e nego deve arrespeitá". Após insistência dos presentes, respondeu: "Num carece preocupá, não. Nego fica no toco, que é lugá de nego".[3]

Continuou com palavras de humildade, quando alguém lhe perguntou se sentia falta de algo que havia deixado na Terra, ao que ele respondeu: "Minha cachimba. Nego qué o pito que deixou no toco. Manda mureque buscá". Solicitava, assim, pela primeira vez, um dos instrumentos de trabalho da nova religião. Também foi o primeiro a solicitar uma guia, até hoje usada pelos membros da Tenda, conhecida carinhosamente como Guia de Pai Antônio.

No dia seguinte houve verdadeira romaria à casa da família de Zélio. Enfermos encontravam a cura, todos se sentiam confortados, médiuns até então considerados loucos encontravam terreno para desenvolver os dons mediúnicos.

O Caboclo das Sete Encruzilhadas dedicou-se, então, a esclarecer e divulgar a Umbanda, auxiliado diretamente por Pai Antônio e pelo Caboclo Orixá Malê, experiente na anulação de trabalhos de baixa magia. No ano de 1918, o Caboclo das Sete Encruzilhadas recebeu ordens da Espiritualidade para fundar sete tendas, assim denominadas: Tenda Espírita Nossa Senhora da Guia, Tenda Espírita Nossa Senhora da Conceição, Tenda Espírita Santa Bárbara, Tenda Espírita São Pedro, Tenda Espírita Oxalá, Tenda Espírita São Jorge e Tenda Espírita São Jerônimo. Durante a encarnação de Zélio, a partir dessas primeiras tendas, foram fundadas outras 10.000.

---

3. Certamente trata-se de um convite à humildade, e não de submissão e dominação racial.

Mesmo não seguindo a carreira militar, pois o exercício da mediunidade não lhe permitiu, Zélio nunca fez da missão espiritual uma profissão. Pelo contrário, chegava a contribuir financeiramente, com parte do salário, para as tendas fundadas pelo Caboclo das Sete Encruzilhadas, além de auxiliar os que se albergavam em sua casa. Também pelo conselho do Caboclo, não aceitava cheques e presentes.

Por determinação do Caboclo, a ritualística era simples: cânticos baixos e harmoniosos, sem palmas ou atabaques, sem adereços para a vestimenta branca e, sobretudo, sem corte (sacrifício de animais). A preparação do médium pautava-se pelo conhecimento da doutrina, com base no Evangelho, banhos de ervas, amacís e concentração nos pontos da natureza.

Com o tempo e a diversidade ritualística, outros elementos foram incorporados ao culto, no que tange ao toque, canto e palmas, às vestimentas e mesmo a casos de sacerdotes umbandistas que passaram a dedicar-se integralmente ao culto, cobrando, por exemplo, pelo jogo de búzios onde o mesmo é praticado, porém sem nunca deixar de atender àqueles que não podem pagar pelas consultas. Mas as sessões permanecem públicas e gratuitas, pautadas pela caridade, pela doação dos médiuns. Também algumas casas, por influência dos Cultos de Nação, praticam o corte, contudo essa é uma das maiores diferenças entre a Umbanda dita tradicional e as casas que se utilizam de tal prática.

Depois de 55 anos à frente da Tenda Nossa Senhora da Piedade, Zélio passou a direção para as filhas Zélia e Zilméa, continuando, porém, a trabalhar juntamente com sua esposa, Isabel (médium do Caboclo Roxo), na Cabana de Pai Antônio, em Boca do Mato, em Cachoeira de Macacu, no Rio de Janeiro.

Zélio Fernandino de Moraes faleceu no dia 03 de outubro de 1975, após 66 anos dedicados à Umbanda, que muito lhe agradece.

PAI ZÉLIO FERNANDINO DE MORAES

Assim como Jesus agradeceu ao Pai por haver revelado o Reino (caminho espiritual) aos pobres e pequeninos, e não aos sábios e entendidos, nós, umbandistas, humildemente, fazemos o mesmo. A Umbanda não nasce das mãos de um teólogo, de um acadêmico, de um doutor, mas no cotidiano de um adolescentezinho de 17 anos, considerado louco e endemoninhado, que, sem vaidade alguma, aceitou sua missão espiritual e colaborou para o Caboclo das Sete Encruzilhadas, Pai Antônio e tantos, sob a égide dos Orixás, abrir corações e casas para a prática da caridade.

Ademir Barbosa Júnior
(Dermes)

CABOCLO DAS SETE ENCRUZILHADAS – PADRE GABRIEL MALAGRIDA

Uma das encarnações do Caboclo das Sete Encruzilhadas, conforme visto, foi identificada por um médium na comunicação de 15 de novembro de 1908, ocorrida num centro espírita onde estava o médium Zélio Fernandino de Moraes, foi o Padre Gabriel Malagrida.

Segundo o Portugal Dicionário Histórico, a respeito do Padre Gabriel Malagrida[4]:

n. 18 de setembro de 1689.

f. 21 de setembro de 1761.

---

4. Respeitamos a ortografia do texto original.

A dimensão da religião de Umbanda | **25**

Jesuíta italiano, nascido na vila de Managgio, a 18 de setembro de 1689.

Desde criança, deu provas de engenho e ao mesmo tempo duma tendência exagerada para o misticismo. Depois de completar em Milão os seus estudos entrou na Companhia de Jesus, em Génova, a 27 de setembro de 1711.

Resolvendo dedicar-se às missões, saiu de Génova em 1721, seguindo para o Maranhão, onde os seus superiores o designaram para pregar, sendo depois nomeado em 11 de outubro de 1723 pregador do colégio do Pará, e ali o encarregaram dos alunos. Não cessava, contudo, de missionar na cidade e nas aldeias circunvizinhas, até que lhe ordenaram que voltasse ao Maranhão, sendo desde logo escolhido para reitor da missão dos Tobajáras. De 1724 a 1727 demorou-se entre os selvagens, missionando sempre, correndo perigos, que afrontava intrepidamente, mas dando sempre provas do misticismo extravagante que tão fatal lhe havia de ser. Na narrativa das suas missões não se falava senão em vozes misteriosas que o avisavam; tudo são milagres e prodígios. Malagrida julgava-se favorito do céu[5]. Em 1727, por ordem dos superiores, voltou ao Maranhão para reger no colégio dos jesuítas a cadeira de belas letras, mas logo em 1728 voltou a catequizar os índios, conseguindo quase amansar uma das tribos mais ferozes do interior, a dos Barbados, entre os quais fundou uma missão, que teve logo grande desenvolvimento. Em 1730 regressou ao Maranhão, e foi encarregado de reger ao mesmo tempo Teologia e belas letras. Em 1735 começou a missionar entre os colonos, seguindo do Maranhão para a Baía, e dali a

---

5. Note-se o tom incriminador das afirmações, o qual, ainda que inconscientemente, parece chancelar a condenação que sofreu Malagrida.

Pernambuco, voltando enfim ao Maranhão. Durante 14 anos, até 1749, se conservou nestas missões granjeando neste tempo a fama de taumaturgo, e a denominação de apóstolo do Brasil. Em 1749 veio para a Europa, com a fama de santo, vindo tratar de arranjar dotações para os vários conventos e seminários que fundara. Depois de trabalhosa viagem chegou a Lisboa, sendo acolhido como santo, e a imagem, que trazia consigo, foi conduzida em procissão para a igreja do colégio de Santo Antão. D. João V, nessa época, estava muito doente, e acolheu de braços abertos o santo jesuíta, fez-lhe todas as concessões que ele desejava, e chamou-o para junto de si na hora extrema. Foi Gabriel Malagrida quem assistiu aos últimos momentos do monarca. Em 1751 voltou ao Brasil, mas não foi bem recebido no Pará, onde governava então o irmão do marquês de Pombal. Até 1754, demorou-se Malagrida no Maranhão, não pensando na catequese dos índios, mas missionando entre os cristãos, e fundando mais um convento e mais um seminário O bispo não lhe consentiu este último intento alegando que o concílio de Trento só ao prelado atribuía esse direito de fundação.

Em 1751 voltou a Lisboa, por ser chamado pela rainha, viúva de D. João V, D. Maria Ana de Áustria e encontrou no poder o marquês de Pombal. Este notável estadista que se propusera a regenerar Portugal, livrando-o da tutela dos jesuítas, não podia simpatizar com o taumaturgo. Não o deixando entrar na intimidade da rainha viúva, Malagrida partiu para Setúbal, onde depois teve a notícia da morte da soberana. O marquês de Pombal não se importou com aquele jesuíta santo, enquanto as suas santidades não contrariavam os seus projectos, mas o conflito era inevitável. Sobreveio o terramoto de 1755, estando Malagrida em Lisboa. Aquela catástrofe ocasionou um terror imenso na população da capital, e um dos grandes empenhos do marquês de Pombal era levantar os espíritos abatidos. Para isso mandou compor e publicar um folheto escrito por um padre, em que se explicavam as causas naturais dos terramotos, e se desviava a crença desanimadora de que fora castigo de Deus, e de que eram indispensáveis a penitência e a compunção. Saiu a campo indignado o padre Malagrida escrevendo um folheto intitulado: Juízo da verdadeira causa do terremoto que padeceu a corte de Lisboa no 1º de novembro de 1755. Nesse folheto combatia com indignação as doutrinas do outro que Pombal fizera espalhar, atribuía a castigo de Deus o terramoto, citava profecias de freiras, condenava severamente os que levantaram abrigos nos campos, os que trabalhavam em levantar das ruínas da cidade, e recomendava procissões, penitencias, e sobretudo recolhimento e meditação de seis dias nos exercícios de Santo Inácio de Loyola. O marquês de Pombal não era homem que permitisse semelhantes contrariedades. Mandou queimar o folheto pela mão do algoz, e desterrou Malagrida para Setúbal. Passava-se isto em 1756. O jesuíta imaginava que, com o seu prestígio de taumaturgo, podia lutar contra a vontade do marquês, e parece, que de Setúbal escreveu mais uma carto ameaçadora, carta, que depois do atentado dos Távoras em 3 de setembro de 1758, podia ter uma terrível significação, e por isso Malagrida foi logo preso a 11 de dezembro desse ano, transferido para o colégio da sua ordem em Lisboa, e no dia 11 de janeiro de 1759, considerado réu de lesa-majestade, sendo transferido para as prisões do Estado. Sendo depois entregue à Inquisição, Malagrida foi condenado à pena de garrote e de fogueira, realizando-se o suplício no auto da fé de 21 de setembro de 1761.[6]

---

6. Fonte: http://www.arqnet.pt/dicionario/malagrida.html.

O CABOCLO DAS SETE ENCRUZILHADAS 1

Gravação feita em 1971 por Lila Ribeiro, diretora da Tenda de Umbanda Luz, Esperança, Fraternidade (TULEF), do Rio de Janeiro:

A Umbanda tem progredido e vai progredir. É preciso haver sinceridade, honestidade e eu previno sempre aos companheiros de muitos anos: a vil moeda vai prejudicar a Umbanda; médiuns que irão se vender e que serão, mais tarde, expulsos, como Jesus expulsou os vendilhões do templo. O perigo do médium homem é a consulente mulher; do médium mulher é o consulente homem[7]. É preciso estar sempre de prevenção, porque os próprios obsessores que procuram atacar as nossas casas fazem com que toque alguma coisa no coração da mulher que fala ao pai de terreiro, como no coração do homem que fala à mãe de terreiro. É preciso haver muita moral para que a Umbanda progrida, seja forte e coesa. Umbanda é humildade, amor e caridade – esta a nossa bandeira. Neste momento, meus irmãos, me rodeiam diversos espíritos que trabalham na Umbanda do Brasil: Caboclos de Oxóssi, de Ogum, de Xangô. Eu, porém, sou da falange de Oxóssi, meu pai, e não vim por acaso, trouxe uma ordem, uma missão. Meus irmãos: sejam humildes, tenham amor no coração, amor de irmão para irmão, porque vossas mediunidades ficarão mais puras, servindo aos espíritos superiores que venham a baixar entre vós; é preciso que os aparelhos estejam sempre limpos, os instrumentos afinados com as virtudes que Jesus pregou aqui na Terra, para que tenhamos boas comunicações e proteção para

---

7. Obviamente o recado não tem cunho moralista nem se restringe à atração heterossexual.

aqueles que vêm em busca de socorro nas casas de Umbanda. Meus irmãos: meu aparelho já está velho, com 80 anos a fazer, mas começou antes dos 18. Posso dizer que o ajudei a casar, para que não estivesse a dar cabeçadas, para que fosse um médium aproveitável e que, pela sua mediunidade, eu pudesse implantar a nossa Umbanda. A maior parte dos que trabalham na Umbanda, se não passaram por esta Tenda, passaram pelas que saíram desta Casa. Tenho uma coisa a vos pedir: se Jesus veio ao planeta Terra na humildade de uma manjedoura, não foi por acaso. Assim o Pai determinou. Podia ter procurado a casa de um potentado da época, mas foi escolher aquela que havia de ser sua mãe, este espírito que viria traçar à humanidade os passos para obter paz, saúde e felicidade. Que o nascimento de Jesus, a humildade que Ele baixou à Terra, sirvam de exemplos, iluminando os vossos espíritos, tirando os escuros de maldade por pensamento ou práticas; que Deus perdoe as maldades que possam ter sido pensadas, para que a paz possa reinar em vossos corações e nos vossos lares. Fechai os olhos para a casa do vizinho; fechai a boca para não murmurar contra quem quer que seja; não julgueis para não serdes julgados; acreditai em Deus e a paz entrará em vosso lar. É dos Evangelhos. Eu, meus irmãos, como o menor espírito que baixou à Terra, mas amigo de todos, numa concentração perfeita dos companheiros que me rodeiam neste momento, peço que eles sintam a necessidade de cada um de vós e que, ao sairdes deste templo de caridade, encontreis os caminhos abertos, vossos enfermos melhorados e curados, e a saúde para sempre em vossa matéria. Com um voto de paz, saúde e felicidade, com humildade, amor e caridade, sou e sempre serei o humilde Caboclo das Sete Encruzilhadas.

O CABOCLO DAS SETE ENCRUZILHADAS 2

Depoimento do escritor Leal de Souza sobre o Caboclo das Sete Encruzilhadas:

Se alguma vez tenho estado em contato consciente com algum espírito de luz, esse espírito é, sem dúvida, aquele que se apresenta sob o aspecto agreste, e o nome bárbaro de Caboclo das Sete Encruzilhadas.

Sentindo-o ao nosso lado, pelo bem-estar espiritual que nos envolve, pressentimos a grandeza infinita de Deus, e, guiados pela sua proteção, recebemos e suportamos os sofrimentos com uma serenidade quase ingênua, comparável ao enlevo das crianças, nas estampas sacras, contemplando, da beira do abismo, sob as asas de um anjo, as estrelas no céu.

O Caboclo das Sete Encruzilhadas pertence à falange de Ogum, e, sob a irradiação da Virgem Maria, desempenha uma missão ordenada por Jesus. O seu ponto emblemático representa uma flecha atravessando um coração, de baixo para cima; a flecha significa direção, o coração sentimento, e o conjunto significa orientação dos sentimentos para o alto, para Deus.

Estava esse espírito no espaço, no ponto de intersecção de sete caminhos, chorando sem saber o rumo que tomasse, quando lhe apareceu, na sua inefável doçura, Jesus, e mostrando-lhe numa região da terra, as tragédias da dor e os dramas da paixão humana, indicou-lhe o caminho a seguir, como missionário do consolo e da redenção. E em lembrança desse incomparável minuto de sua eternidade, e para se colocar ao nível dos trabalhadores mais humildes, o mensageiro de Cristo tirou o seu nome do número dos caminhos que o desorientavam, e ficou sendo o Caboclo das Sete Encruzilhadas.

Iniciou assim, a sua cruzada, vencendo, na ordem material, obstáculos que se renovam quando vencidos, e dos quais o maior é a qualidade das pedras com que se deve construir o novo templo. Entre a humildade e doçura extremas, a sua piedade se derrama sobre quantos o procuram, e não poucas vezes, escorrendo pela face do médium, as suas lágrimas expressam a sua tristeza, diante dessas provas inevitáveis a que as criaturas não podem fugir.

A sua sabedoria se avizinha da onisciência. O seu profundíssimo conhecimento da Bíblia e das obras dos doutores da Igreja autorizam a suposição de que ele, em alguma encarnação, tenha sido sacerdote, porém, a medicina não lhe é mais estranha do que a teologia.

Acidentalmente, o seu saber se revela. Uma ocasião, para justificar uma falta, por esquecimento, de um de seus auxiliares humanos, explicou, minucioso, o processo de renovação das células cerebrais, descreveu os instrumentos que servem para observá-las, e contou numerosos casos de fenômenos que as atingiram e como foram tratados na grande guerra deflagrada em 1914. Também, para fazer os seus discípulos compreenderem o mecanismo, se assim posso expressar-me, dos sentimentos explicou a teoria das vibrações e a dos fluidos, e numa ascensão gradativa, na mais singela das linguagens, ensinou a homens de cultura desigual as transcendentes leis astronômicas. De outra feita, respondendo a consulta de um espírita que é capitalista em São Paulo e representa interesses europeus, produziu um estudo admirável da situação financeira criada para a França, pela quebra do padrão ouro na Inglaterra.

A linguagem do Caboclo das Sete Encruzilhadas varia, de acordo com a mentalidade de seus auditórios. Ora chã, ora simples, sem um atavio, ora fulgurante nos arrojos da alta eloquência, nunca desce tanto, que se abastarde, nem se eleva demais, que se torne inacessível.

A sua paciência de mestre é, como a sua tolerância de chefe, ilimitada. Leva anos a repetir, em todos os tons, através de parábolas, por meio de narrativas, o mesmo conselho, a mesma lição, até que o discípulo, depois de tê-la compreendido, comece a praticá-la.

A sua sensibilidade, ou perceptibilidade é rápida, surpreendendo. Resolvi, certa vez, explicar os Dez Mandamentos da Lei de Deus aos meus companheiros, e, à tarde, quando me lembrei da reunião da noite, procurei, concentrando-me, comunicar-me com o missionário de Jesus, pedindo-lhe uma sugestão, uma ideia, pois não sabia como discorrer sobre o mandamento primeiro: Ao chegar à Tenda, encontrei o seu médium, que viera apressadamente das Neves, no município de São Gonçalo, por uma ordem recebida à última hora, e o Caboclo das Sete Encruzilhadas baixando em nossa reunião, discorreu espontaneamente sobre aquele mandamento, e, concluindo, disse-me: Agora, nas outras reuniões, podeis explicar aos outros, como é vosso desejo.

E esse caso se repetiu: – havia necessidade de falar sobre as Sete Linhas de Umbanda, e, incerto sobre a de Xangô, implorei mentalmente, o auxílio desse espírito, e de novo o seu médium, por ordem de última hora, compareceu à nossa reunião, onde o grande guia esclareceu, numa alocução transparente, as nossas dúvidas sobre essa linha.

A primeira vez em que os videntes o vislumbraram, no início de sua missão, o Caboclo das Sete Encruzilhadas se apresentou como um homem de meia idade, a pele bronzeada, vestindo uma túnica branca, atravessada por uma faixa onde brilhava, em letras de luz, a palavra "CÁRITAS". Depois, e por muito tempo, só se mostrava como caboclo, utilizando tanga de plumas, e mais atributos dos pajés silvícolas. Passou, mais tarde, a ser visível na alvura de sua túnica primitiva, mas há anos acreditamos que só em algumas circunstâncias se reveste de forma corpórea, pois os videntes não o veem, e quando a nossa sensibilidade e outros guias assinalam a sua presença, fulge no ar uma vibração azul e uma claridade dessa cor paira no ambiente.

Para dar desempenho à sua missão na terra, o Caboclo das Sete Encruzilhadas fundou quatro Tendas em Niterói e nesta cidade, e outras fora das duas capitais, todas da Linha Branca de Umbanda e Demanda. [...]

MATRIZES

Embora chamada popularmente de religião de matriz africana, na realidade, a Umbanda é um sistema religioso formado de diversas matrizes, com diversos elementos cada:

Matrizes	Elementos mais conhecidos
Africanismo	Culto aos Orixás, trazidos pelos negros escravos, em sua complexidade cultural, espiritual, medicinal, ecológica etc.; culto aos Pretos-Velhos.
Cristianismo	Uso de imagens, orações e símbolos católicos (a despeito de existir uma Teologia de Umbanda, própria e características, algumas casas vão além do sincretismo, utilizando-se mesmo de dogmas católicos).[8]

---

8. Há, por exemplo, casas de Umbanda com fundamentos teológicos próprios, enquanto outras rezam o terço com os mistérios baseados nos dogmas católicos e/ou se utilizam do Credo Católico, onde se afirma a fé na Igreja Católica (conforme indicam Guias, Entidades e a própria etimologia, leia-se "católica" como "universal", isto é, a grande família humana), na Comunhão dos Santos, na ressurreição da carne, dentre outros tópicos da fé católica. Isso em nada invalida a fé, o trabalho dos Orixás, das Entidades, das Egrégoras de Luz formadas pelo espírito, e não pela letra da recitação amorosa e com fé do Credo Católico.

Matrizes	Elementos mais conhecidos
Indianismo	Pajelança; emprego da sabedoria indígena ancestral em seus aspectos culturais, espirituais, medicinais, ecológicos etc.; culto aos caboclos indígenas ou de pena.
Kardecismo	Estudo dos livros da Doutrina Espírita, bem como de sua vasta bibliografia; manifestação de determinados espíritos e suas egrégoras, mais conhecidas no meio Espírita (como os médicos André Luiz e Bezerra de Menezes); utilização de imagens e bustos de Allan Kardec, Bezerra de Menezes e outros; estudo sistemático da mediunidade; palestras públicas.
Orientalismo	Estudo, compreensão e aplicação de conceitos como prana, chacra e outros; culto à Linha Cigana (que em muitas casas vem, ainda, em linha independente, dissociada da chamada Linha do Oriente).

Por seu caráter ecumênico, de flexibilidade doutrinária e ritualística, a Umbanda é capaz de reunir elementos os mais diversos, como os sistematizados acima. Mais adiante, ao se tratar das Linhas da Umbanda, veremos que esse movimento agregador é incessante: como a Umbanda permanece de portas abertas aos encarnados e aos espíritos das mais diversas origens étnicas e evolutivas, irmãos de várias religiões chegam aos seus templos em busca de saúde, paz e conforto espiritual, bem como outras falanges espirituais juntam-se à sua organização.

SINCRETISMO

(...)
"Quando os povos d'África chegaram aqui
Não tinham liberdade de religião
Adotaram o Senhor do Bonfim:
Tanto resistência quanto rendição

Quando, hoje, alguns preferem condenar
O sincretismo e a miscigenação
Parece que o fazem por ignorar
Os modos caprichosos da paixão

Paixão que habita o coração da natureza-mãe
E que desloca a história em suas mutações
Que explica o fato de Branca de Neve amar
Não a um, mas a todos os Sete Anões"
(...)

(Gilberto Gil)

A senzala foi um agregador do povo africano. Escravos muitas vezes apartados de suas famílias e divididos propositadamente em grupos culturais e linguisticamente diferentes, por vezes antagônicos, para evitar rebeliões, organizaram-se de modo a criar uma pequena África, o que posteriormente se refletiu nos terreiros de Candomblé, onde Orixás procedentes de regiões e clãs diversos passaram a ser cultuados numa mesma casa religiosa, conforme visto no capítulo 2.

Entretanto, o culto aos Orixás era velado, uma vez que a elite branca católica considerava as expressões de espiritualidade e fé dos africanos e seus descendentes como associada ao mal, ao Diabo cristão, caracterizando-a pejorativamente de primitiva. Para manter sua liberdade de culto, ainda que restrita ao ambiente da senzala, ou, de modo escondido, nos pontos de força da natureza ligados a cada Orixá, os escravizados recorreram ao sincretismo religioso, associando cada Orixá a um santo católico. Tal associação também apresenta caráter plural e continuou ao longo dos séculos, daí a diversidade de associações sincréticas.

Hoje, por um lado, há um movimento de "reafricanização" do Candomblé, dissociando os Orixás dos santos católicos; por outro lado, muitas casas ainda mantém o sincretismo, e muitos zeladores de santo declaram-se católicos. No caso da Umbanda, algumas casas, por exemplo, não se utilizam de imagens de santos católicos, representando os Orixás em sua materialidade por meio dos otás, entretanto, a maioria ainda se vale de imagens católicas, entendendo o sincretismo como ponto de convergência de diversas matrizes espirituais, conforme visto no capítulo 3.

De certa forma, o sincretismo também foi chancelado pelo fato de popularmente Orixá passar a ser conhecido como "Santo" (Orixá de energia masculina/pai/aborô) ou "Santa" (Orixá de energia feminina/mãe/iabá), o que reforça a associação e correspondência com os santos católicos, seres humanos que, conforme a doutrina e os dogmas católicos, teriam se destacado por sua fé ou seu comportamento. Energia masculina e energia feminina de cada Orixá não tem necessariamente relação com gênero e sexualidade tal qual conhecemos e vivenciamos, tanto que em Cuba Xangô é sincretizado com Santa Bárbara.

Ainda sobre o vocábulo "Santo" como sinônimo de Orixá, as traduções mais próximas para os termos *babalóòrisá* e ìyálorìsa seriam pai ou mãe-**no**-santo, contudo o uso popular consagrou pai ou mãe-**de**-santo. Para evitar equívocos conceituais e/ou teológicos, alguns sacerdotes utilizam-se do termo zelador ou zeladora-de-santo.

Além do sincretismo em si, como canta Zeca Pagodinho em "Ogum", tem-se no Brasil uma maneira dialógica, sintética e popular de vivenciar a espiritualidade, o que não significa, como se verá adiante, confundir duas religiões num só templo:

Sim vou à igreja festejar meu protetor
E agradecer por eu ser mais um vencedor
Nas lutas nas batalhas
Sim vou ao terreiro pra bater o meu tambor
Bato cabeça firmo ponto sim senhor
Eu canto pra Ogum

A dimensão da identidade e da diversidade

HINO DA UMBANDA

O Hino da Umbanda, cantado em quase todas as casas (no início ou no final das giras, bem como em ocasiões especiais), foi composto por José Manuel Alves, o qual, em 1960, procurou o Caboclo das Sete Encruzilhadas, em Niterói, vindo de São Paulo, desejoso de ser curado da cegueira, o que não aconteceu, em virtude de compromissos cármicos de José Manuel.

Tempos depois, José Manuel tornou a procurar o Caboclo das Sete Encruzilhadas e lhe apresentou uma canção em homenagem à Umbanda, tomada pelo Caboclo como Hino da Umbanda. Em 1961 o Hino foi oficializado no 2º. Congresso de Umbanda.

A letra:

> *Refletiu a Luz Divina*
> *Com todo seu esplendor*
> *É do reino de Oxalá*
> *Onde há paz e amor*

Luz que refletiu na terra
Luz que refletiu no mar
Luz que veio de Aruanda
Para tudo iluminar

A Umbanda é paz e amor
É um mundo cheio de Luz
É a força que nos dá vida
E à grandeza que nos conduz.

Avante, filhos de fé
Como a nossa lei não há
Levando ao mundo inteiro
A bandeira de Oxalá.

O Hino sintetiza as características gerais da Umbanda, bem como sua missão. A Umbanda vem do plano espiritual para iluminar e acolher, vem na linha de Oxalá, sob as bênçãos do Mestre Jesus, para fortalecer a todos e auxiliar a cada um a desenvolver o Cristo interno.

No acolhimento que faz a encarnados e desencarnados, a Umbanda convida a todos a encontrar a paz individual e coletiva. O exercício do amor em todos os níveis, a verdadeira caridade que não se reduz apenas ao assistencialismo, vibra em consonância com os ensinamentos do Mestre Jesus.

A mensagem de Umbanda estende-se pela terra e pelo mar, abençoada e orientada pelos Orixás. Trilha espiritual e religião ecológica, valoriza a magia e o poder dos elementos em favor do equilíbrio e da evolução de cada um e do planeta. A luz (fogo) vem de Aruanda (ar, dimensões), reflete na terra, no mar (água), disponibiliza-se a todos: a mesma luz que brilha em Aruanda (plano espiritual elevado), brilha também, guardadas as proporções e adequações a cada plano e a cada indivíduo, para todo espírito, encarnado ou desencarnado.

Dentre as práticas da Umbanda não está o proselitismo. Por isso as portas dos templos estão sempre abertas a todos, sem distinção. Há quem prefira participar de algumas giras, receber conselhos, sugestões, Axé e voltar agradecido para sua casa, sua religião, suas práticas espirituais. A lei da Umbanda é o amor/a caridade e, de fato, como essa lei (evidentemente, não exclusiva à Umbanda), não existe outra. Nesse sentido, levar ao mundo inteiro a bandeira de Oxalá significa compartilhar no cotidiano, nas mais diversas circunstâncias, o amor e a paz, não forçar alguém/o mundo à conversão ou ao comparecimento a giras (o que, aliás, nenhum umbandista consciente faz), nem tentar impor "a minha" Umbanda como "verdadeira". A graça da Umbanda está na diversidade. Se conjugo "a minha" Umbanda à "sua", à "dele", à "dela", juntos, teremos UmBanda.

Que a bandeira de Oxalá cubra a todos nós, auxiliando a cada um a cultivar o Cristo interno! Que o Hino da Umbanda vibre sempre em nossos corações!

Bandeira da Umbanda

Saul de Medeiros (Saul de Ogum), presidente da Associação de Umbanda de Caxias do Sul, idealizou uma bandeira que, no dia 1º de junho de 2008, teve seu lançamento oficial no Teatro Municipal Dr. Paulo Machado de Carvalho. Nas palavras de Pai Saul, "A imagem de um lindo sol radiante e, de seu núcleo, sai uma figura que no primeiro instante parece a de um enorme pombo branco, mas olhando com mais atenção, a forma se modifica deixando transparecer um espectro humano angelical e com enormes asas, como se dirigisse a um destino determinado a realizar uma missão". Pretende-se que a bandeira seja reconhecida por todos os umbandistas.

Segmentos umbandistas

Na realidade, a Umbanda é uma só. Contudo, há ramificações diversas, nas quais cada sacerdote, cada filho e cada consulente se sentem mais à vontade para trabalhar sua conexão com o divino e desenvolver a mediunidade.

Embora não haja consenso ou mesmo reconhecimento de alguns segmentos, a lista abaixo apresenta alguns dos mais conhecidos.

Umbanda de Almas e Angola	Em linhas gerais, conjuga a Umbanda a Tradicional e os ritos africanistas do Candomblé Angola.
Umbanda Branca e/ou de Mesa	Geralmente não se utilizam de elementos africanos (em algumas casas, nem mesmo o culto direto aos Orixás), não trabalham diretamente com Exus e Pombogiras nem se utilizam de fumo, álcool, imagens e ataques. Por outro lado, trabalha com Caboclos, Pretos-Velhos e Crianças, bem como se valem de livros espíritas como base doutrinária.
Umbanda de Caboclo	Forma de Umbanda na qual o foco são os Caboclos, assim como prepondera a influência das culturas indígenas.
Umbanda Esotérica	Seu maior representante e difusor foi W. W. Mata Pires (Mestre Yacapany). A Umbanda, vista como conjunto de leis divinas.
Umbanda Iniciática	Derivada da Umbanda Esotérica, foi fundamentada por Pai Rivas (Mestre Arhapiagha), com grande influência oriental, como uso de mantras indianos e do sânscrito.
Umbanda Omolocô	Genericamente, conjugação do culto africanista aos Orixás e dos Guias e das Linhas de Umbanda.
Umbanda Popular	Praticada antes do trabalho de Zélio Fernandino, conhecida também como macumba, de forte sincretismo entre Orixás e santos católicos. Alguns consideram o chamado Candomblé de Caboclo também uma forma de Umbanda Popular.
Umbanda de Preto-velho	Forma de Umbanda na qual o comando cabe aos Pretos-Velhos.
Umbanda Traçada (Umbandomblé)	O sacerdote ora toca para Umbanda, ora para Candomblé, em sessões com dias e horários diferenciados.
Umbanda Tradicional	Genericamente, refere-se à Umbanda organizada por Zélio Fernandino.

Na diversidade de conceitos e ritos, o tom deve sempre ser fraterno, respeitoso, dialógico, conciliatório. Entretanto, diferenças de fundamentos não devem ser confundidas com mistificações, marmotagens.

Ao longo de sua história, diversos elementos (como os atabaques) foram incorporados à Umbanda preconizada pelo Caboclo das Sete Encruzilhadas, e mesmo fundamentos como recolhimentos, determinadas obrigações e o corte em alguns segmentos e/ou algumas casas, em situações específicas.

Por outro lado, como se depreende da tabela acima e de pesquisas em templos religiosos, independentemente de região brasileira ou país, parece aumentar o número de casas que ao mesmo tempo tocam Umbanda e Candomblé, gerando uma situação singular, uma vez que se trata de religiões irmãs, porém diferentes, embora com muitos pontos em comum.

Não se pretende aqui colocar amarras na Espiritualidade, que não tem fronteiras, placas e atua onde e como se faz necessário. Contudo, imagine-se, por exemplo, uma igreja que em determinados dias da semana faça cultos luteranos e nos demais sejam celebradas missas católicas. Ambas as formas de culto são cristãs, mas diferem na essência, na forma, na simbologia, nos conceitos etc. O mesmo vale para a Umbanda e o Candomblé.

Ademais, de modo nada fraternal, em muitas casas que tocam as duas religiões, a Umbanda é encarada como uma religião menor, uma espécie de dissidência do Candomblé, que seria, grosso modo, a religião oficial e primeira, enquanto a Umbanda seria, de modo pejorativo, vale ressaltar, uma espécie de religião reformada. A própria história da Umbanda desmente essa leitura. E essa mesma história leva ao questionamento se, de fato, a Umbanda é uma religião afro-brasileira, em que pese a importância dos Orixás e dos Pretos-Velhos, uma vez que, em sua constituição, possui, ainda, outras matrizes.

Ainda de modo nada fraterno por vezes se consideram os Orixás do Candomblé "Orixás puros" enquanto os de Umbanda seriam "menores", não no sentido de gradação (Orixá como emanação do criador, em primeira instância, em linha descendente até o Orixá que incorpora no médium), mas como "inferiores" mesmo.

Os conceitos de Orixás nas duas religiões diferem, embora se aproximem pela concepção de força atrelada aos elementos da natureza, dentre tantos fatores. No Candomblé, tem-se, de modo geral e com exceção dos Imolês, como se verá adiante, o ancestral divinizado. Na Umbanda tem-se o Orixá como ser espiritual.

Ainda na Umbanda, o Orixá que incorpora no médium possui a energia adequada para tanto, embora tenha de baixar a vibração para se adequar ao perispírito (elemento de ligação entre o corpo e o espírito; o conceito foi difundido pela Doutrina Espírita e acolhido por diversos segmentos espiritualistas e religiosos) e ao corpo físico do médium. Nenhum médium conseguiria incorporar Orixás hierarquicamente acima. Pela mesma razão, e com respeito fraterno às casas com fundamento cruzado/traçado diverso, não se incorpora o Orixá Oxalá, pois a Umbanda entende que nenhum médium teria a vibração adequada para tanto. Ademais, a Umbanda também compreende que todos somos filhos de Oxalá.

Em tempo, em algumas regiões brasileiras, a Umbanda traçada ou cruzada refere-se à Umbanda popular, dita de Sete Linhas, com outras tantas linhas de trabalho, recolhimento de médiuns e outros procedimentos, mas não necessariamente com o corte ou outros fundamentos do Candomblé ou de outras religiões irmãs.

SOBRE A EXPRESSÃO
"RELIGIÕES DE MATRIZ AFRICANA"

Embora o mais comum seja referir-se hoje ao Candomblé, à Umbanda e a outras religiões similares como Religiões Tradicionais de Terreiro, ainda é bastante empregada a expressão Religiões de Matriz Africana, embora esta matriz não seja a única a constituir tais religiões.

Nesse sentido, é bastante esclarecedor o questionamento do professor Ildásio Tavares transcrito abaixo, no qual procura denominar as religiões de terreiro como jeje-nagôs-brasileiras, o que, pelo último termo, ao meu ver, incluiria também a Nação Angola:

OS NOMES QUE NÃO NOMEIAM

Fala-se com muita segurança, empáfia (e até injúria) em religião negra, religião africana, religião afro-brasileira, ou culto, mais pejorativamente. Essa terminologia é facciosa, discriminatória, preconceituosa, redutiva e falsa. Auerbach dizia que os maus termos, em ciência, são mais danosos que as nuvens à navegação. Negro é um termo que toma por parâmetro uma cor de pele que nem sequer é negra. Que seria religião negra? Aquela praticada por negros, apenas, ou aquela criada por negros e praticada por brancos, negros mulatos ou alguém com algum dos 514 tipos de cor achados no Brasil por Herskovits? Religião negra é um termo evidentemente racista quer usado pelos brancos para discriminar e inferiorizar o negro, quer usado pelo negro para se autodiscriminar defensivamente com uma reserva de domínio rácico e cultural.

Africano é absurdamente generalizante, na medida em que subsume uma extraordinária pluralidade e diversidade cultural em um rótulo simplista e unívoco. Nelson Mandela é frequentemente mencionado como um líder africano. Jamais alguém chamaria Adolf Hitler de um líder europeu ou de um líder branco apesar de este ser um defensor da superioridade dos arianos que não são necessariamente brancos, vez que a maioria dos judeus é de brancos, assim como os poloneses; e Hitler os tinha como inferiores, perniciosos e queria eliminá-los da face da Terra. Este rótulo redutivo lembra-me o episódio de nosso grotesco e absurdo presidente Jânio Quadros chamando o intelectual sergipano Raimundo de Souza Dantas, para ser embaixador do Brasil na África por ele ser de pele escura. Quando o perplexo Raimundo replicou: "Excelência, a África é um continente! Como posso ser embaixador do Brasil em um continente?" O burlesco presidente respondeu: "Não importa, o senhor vai ser embaixador do Brasil na África.". E foi. Sediado em Gana. Este é o típico exemplo de absurdo brasileiro, de seu surrealismo de hospício que muitos adotam como postura científica, para empulhar os tolos, os ingênuos e os incautos, armadilha perpetrada por canalhas para capturar os obtusos, diria Rudyard Kipling ao deixar o colonialismo para definir o Super-Homem.

O rótulo afro-brasileiro também é falacioso. Aprendi no curso primário que o povo brasileiro está composto basicamente de três etnias: a dos índios, vermelha; a dos europeus, branca, e a dos africanos, preta. Por definição, portanto, brasileiro é a combinação de índio, africano e europeu, branco, vermelho e preto em proporções variáveis, é claro. Já se disse, jocosamente, que as árvores genealógicas no Brasil (em sua maioria ginecológicas, matrilineares) ou dão no matou ou na cozinha, ou dão em índio ou em negro, para satirizar a falsa, a ansiada brancura de nosso povo que nem a importação de italianos e alemães conseguiu satisfazer, muito pelo contrário, eles é que escureceram, ao menos culturalmente, assim como os amarelos, haja vista a presença de babalorixás na Liberdade, São Paulo, no Paraná e em Santa Catarina, para não falar de Escolas de Samba de olhos oblíquos.

Ora, se brasileiro já quer dizer parte africano, afro-brasileiro é redundante. Resolvendo a equação, temos: $B = A + I + E$, ou seja, brasileiro é igual a africano + índio + europeu. Logo AB (afro-brasileiro) será igual a $A + AIB$ (africano + índio + brasileiro). Tem africano demais nessa equação. Eliminando o termo igual, discriminaremos o Afro-brasileiro. A única solução é especificar a origem cultural (ou etnográfica, se quiserem) da religião. Para mim seria adequado dizer-se religiões brasileiras de origem africana, índia ou judaico-europeias, todas nossas. Mas como seria longo demais e deteste siglas, prefiro falar religiões jeje-nagôs-brasileira. É mais adequado. Pode não ser preciso. Mas a precisão é um desiderato dos relógios suíços, dos mísseis, dos navios que não afundam e dos filósofos positivistas. Não tenho simpatia por nenhum dos quatro.

A dimensão da crença

Monoteísmo

Crença num Deus único (Princípio primeiro, Energia Primeira etc.), conhecido principalmente como Olorum (influência iorubá) ou Zâmbi (influência Angola).

Em linhas gerais, a trindade representa nascimento, vida (e/ou morte) e renascimento, estando presente nas mais diversas culturas. A Trindade Católica é a mais comum na Umbanda (Pai, Filho, Espírito Santo), embora algumas casas se valham de Olorum, Oxalá e Ifá. Por sua vez, a Umbanda Almas e Angola concebe a Trindade Divina dessa maneira: Zâmbi (Deus, criador do universo), Orixás (divindades) e Guias ou Entidades Espirituais (espíritos de luz).

Crença nos Orixás

Divindades/ministros de Deus, ligadas a elementos e pontos de força da natureza, orientadores dos Guias e dos Guardiões, bem como dos encarnados.

Crença nos Anjos

Enquanto figuras sagradas (e não divinas), são vistos ou como seres especiais criados por Deus (influência do Catolicismo), ou como espíritos bastante evoluídos (influência do Espiritismo/Kardecismo).

Crença em Jesus Cristo

Na Linha de Oxalá e, por vezes, confundido com o próprio Orixá, Jesus é visto ou como Filho Único e Salvador (influência do Catolicismo/do Cristianismo mais tradicional), ou como o mais evoluído dos espíritos que encarnaram no planeta, do qual, aliás, é governador (influência do Espiritismo/Kardecismo).

O Natal é uma data simbólica, fixada, que celebra o nascimento de Jesus, sua encarnação. Grosso modo, há os que o veem como o Unigênito, o Salvador, enquanto outros o concebem como um espírito evoluído, o qual, assim como nós, palmilhou as trilhas da evolução até chegar à mestria interior. Para os umbandistas, o Divino Mestre conduz a Linha de Oxalá e, por vezes, confunde-se com esse Orixá.

Independentemente de religião ou tradição espiritual, o grande convite do Mestre, a cada celebração natalina, é para realmente deixarmos nascer em nós o Cristo interior, criança tão cheia de luz, capaz de transformar uma manjedoura em ponto de força espiritual. O alimento dessa criança? O amor.

Buscando uma vida plena (e não perfeita, já que a perfeição não é desse mundo), o amor é a medida. Perdoar a quem nos ofende, por exemplo, na medida e no tempo de cada um e embora a convivência nem sempre seja possível, é amar a si mesmo, não apenas ao outro. Afinal, guardar rancor ou mágoa de alguém, nada mais é do que dar poder para que outros governem nossas vidas. Desapego (e não indiferença) libera, torna a vida mais leve. Se alguém não entende um gesto de amor e carinho, desapegue-se, deixe o outro ir, transforme a si mesmo, pelo desapego, em vez de tentar transformar o outro, forçando-o a entender você. O Cristo interior vai se fortalecer, sua manjedoura interna certamente vai ficar mais confortável para ele.

"(...) ninguém é o centro do universo/assim é maior o prazer" (Guilherme Arantes). Amar o Cristo-menino interior não é mimá-lo, mas deixar que se desenvolva e seja, além de crístico, crítico. Crítico significa consciente, e não julgador, implacável, chato, redutor (alguém que tente separar o mundo, por meio do dedo-fálico-em-riste, em dois: aquele que está "certo", isto é, que se pauta por "meus" valores, e o errado, o que se conduz pelos valores "dos outros"). Rigidez é coisa de cadáver: o menino Jesus está aí, flexível e brincalhão. Ele sabe brincar de viver, como sugere o título da canção de Guilherme Arantes. E, quando adulto, dirá: "Deixe que os mortos enterrem seus mortos". Desapego sempre.

O Natal, portanto, é um momento muito especial para autoaperfeiçoamento, por meio da alegria, partilha, comunhão, retrospectiva (agradecer pelo que foi bom e perdoar/perdoar-se/pedir perdão pelo que não foi). No verdadeiro Natal não há espaço para o sentimentalismo barato de quem explora e oprime o irmão nos outros dias (em nível social, afetivo etc.) e uma vez ao ano derrama lágrimas e olha o próximo como se "realmente" fosse seu irmão.

Podemos celebrar o Natal todos os dias, em qualquer lugar, em qualquer época da História, em qualquer planeta, qualquer cultura, uma vez que, pode haver Natal sem Jesus, mas não pode haver Natal sem Cristo.

Crença na ação dos espíritos

Os espíritos, com as mais diversas vibrações, agem no plano físico. A conexão com eles está atrelada à vibração de cada indivíduo, razão pela qual é necessário estar sempre atento ao "Orai e vigiai" preconizado por Jesus.

Crença nos Guias e Guardiões

Responsáveis pela orientação dos médiuns, dos terreiros, dos consulentes e outros, sua atuação é bastante ampla. Ao auxiliarem a evolução dos encarnados, colaboram com a própria evolução.

Crença na reencarnação

As sucessivas vidas contribuem para o aprendizado, o equilíbrio e a evolução de cada espírito.

Crença na Lei de Ação e Reação

Tudo o que se planta, se colhe. A Lei de Ação e Reação é respaldada pelo princípio do livre-arbítrio.

Crença na mediunidade

Todos somos médiuns, com dons diversos (de incorporação, de firmeza, de intuição, de psicografia etc.).

Em tempo: incorporar é a forma popular com que se refere ao fenômeno mediúnico em que um ser do plano espiritual (superior ou inferior) coordena os movimentos do corpo do médium (postura, gestos, palavras etc.). Para tanto, em linhas gerais, o espírito do médium se afasta (não se desprende totalmente, ou haveria óbito) para que o ser espiritual possa plasmar-se e comandar os movimentos.

Conforme o estado de acompanhamento do médium em relação ao fenômeno, a incorporação pode ser consciente, inconsciente ou semiconsciente, havendo, portanto, médiuns que se mantêm conscientes, inconscientes ou semiconscientes durante a incorporação. O desenvolvimento mediúnico deve ser orientado e seguro para que não haja dúvidas ou mistificações.

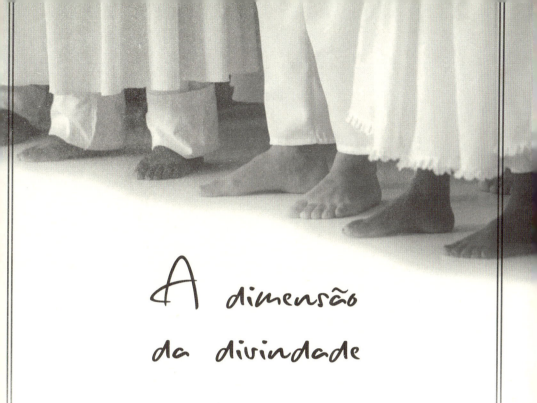

A dimensão da divindade

CARACTERÍSTICAS DO ESTUDO DOS ORIXÁS

Após a apresentação de cada Orixá, especialmente os que são cultuados na Umbanda de modo geral, seguem algumas informações básicas, conforme a lista abaixo, que permitem a identificação e o reconhecimento do Orixá. Evidentemente, tais informações variam da Umbanda para o Candomblé, de região para região, de templo para templo.

Animais: associados aos Orixás.
Bebidas: as mais comuns na Umbanda.
Chacras: centros de energia regidos pelo Orixá.
Cor: a mais característica na Umbanda (entre parênteses, as cores mais comuns no Candomblé).
Comemoração: data mais comum para a festa do Orixá.
Comidas: as mais comuns na Umbanda (lembrando-se de que, mesmo quando a Umbanda se utiliza de carne, não realiza

sacrifícios). As comidas são oferecidas como presentes, agradecimentos, reforço do Axé. Além disso, a Espiritualidade manipula tais elementos para o bem, a defesa, a proteção, o fortalecimento dos indivíduos e da comunidade.

Contas: cores mais características das guias na Umbanda (entre parênteses, as cores mais comuns no Candomblé)

Corpo humano e saúde: partes do corpo regidas pelo Orixá ou mais suscetíveis a doenças (somatização de desequilíbrios).

Elemento: o mais característico dentre fogo, água, terra e ar.

Elementos incompatíveis: as chamadas quizilas (Angola), os euós (iorubá) ou contra-axé são energias que destoam das energias dos Orixás, seja no tocante à alimentação, hábitos, cores etc. No caso da Umbanda, as restrições alimentares, de bebidas, cores etc. ocorrem nos dias de gira, em períodos e situações específicas. Fora isso, tudo pode ser consumido, sempre de modo equilibrado. Contudo, como no Candomblé, há elementos incompatíveis em fundamentos, cores, banhos etc. Nas listagens deste livro, pela tradição, talvez a identificação maior acabe por ser com o Candomblé.

Ervas: as mais utilizadas (os nomes variam conforme as regiões).

Essências: associadas ao Orixá.

Flores: associadas ao Orixá.

Metal: associado ao Orixá (às vezes, mais de um metal).

Pedras: associadas ao Orixá.

Planeta: astro relacionado ao Orixá (neste item, nem todo astro, segundo a Astronomia, é planeta, contudo essa é a terminologia mais comum nos estudos espiritualistas, esotéricos etc.).

Pontos da natureza: pontos de força regidos pelo Orixá.

Saudação: fórmula de invocação e cumprimento ao Orixá.

Símbolos: verdadeiros ícones que remetem ao Orixá e/ou a suas características.

Sincretismo: conforme os Orixás e algumas de suas diversas qualidades do Orixá.

QUALIDADES

Tipos de determinado Orixá. São diversas qualidades, com variações (fundamentos, nações, casas etc.). Há, inclusive, variação muito grande do Candomblé para a Umbanda e na maneira de se trabalhar as qualidades, inclusive na forma de nomeá-las.

Enquanto, por exemplo, Iansã Topé caminha com Exu, Iansã Igbale caminha com Obaluaê. Xangô Airá, por sua vez, caminha com Oxalá.

Em virtude da diversidade das manifestações das qualidades dos Orixás, e mesmo de suas adaptações de casa para casa ou do Candomblé para a Umbanda, por exemplo, em caso de mudança de religião, não as listaremos neste livro.

REGISTROS

De modo geral, as religiões afro-brasileiras se pautam pela tradição oral e com a Umbanda não é diferente, embora haja farta bibliografia a respeito da mesma. Como este livro se atém à teologia de Umbanda, ao contrário de outros trabalhos, não trataremos de relatos mitológicos sobre os Orixás nem dos chamados orikis, textos laudatórios aos Orixás, ambas tipologias textuais mais afeitas ao culto em África e no Candomblé.

PONTOS CANTADOS

Na Umbanda, os pontos cantados são alguns dos responsáveis pela manutenção da vibração das giras e de outros trabalhos.

Verdadeiros mantras, mobilizam forças da natureza, atraem determinadas vibrações, Orixás, Guias e Entidades.

Com diversas finalidades, o ponto cantado impregna o ambiente de determinadas energias enquanto o libera de outras finalidades, representam imagens e traduzem sentimentos ligados a cada vibração, variando de Orixá para Orixá, Linha para Linha, circunstância para circunstância etc. Aliados ao toque e às palmas, o ponto cantado é um fundamento bastante importante na Umbanda e em seus rituais.

Em linhas gerais, dividem-se em pontos de raiz (trazido pela Espiritualidade) e terrenos (elaborados por encarnados e apresentados à Espiritualidade, que os ratifica).

MPB

Há pontos cantados que migraram para a Música Popular Brasileira (MPB) e canções de MPB que são utilizadas como pontos cantados em muitos templos.

Orixás na Umbanda

Etimologicamente e em tradução livre, Orixá significa "a divindade que habita a cabeça" (em iorubá, "ori" é cabeça, enquanto "xá", rei, divindade), associado comumente ao diversificado panteão africano, trazido à América pelos negros escravos. A Umbanda Esotérica, por sua vez, reconhece no vocábulo Orixá a corruptela de "Purushá", significando "Luz do Senhor" ou "Mensageiro do Senhor".

Cada Orixá relaciona-se a pontos específicos da natureza, os quais são também pontos de força de sua atuação. O mesmo vale para os chamados quatro elementos: fogo, terra, ar e fogo. Portanto, os Orixás são agentes divinos, verdadeiros ministros da Divindade Suprema (Deus, Princípio Primeiro, Causa Primeira etc.), presentes nas mais diversas culturas e tradições espirituais/religiosas, com nomes e cultos diversos, como os Devas indianos. Visto que o ser humano e seu corpo estão em estreita relação com o ambiente (o corpo humano em funcionamento contém em si água, ar, componentes associados à terra, além de calor, relacionado ao fogo), seu Orixá pessoal tratará de cuidar para que essa relação seja a mais equilibrada possível. Tal Orixá, Pai ou Mãe de Cabeça, é conhecido comumente como Eledá e será responsável pelas características físicas, emocionais, espirituais etc. de seu filho, de modo a espelhar nele os arquétipos de suas características, encontrados nos mais diversos mitos e lendas dos Orixás. Auxiliarão o Eledá nessa tarefa outros Orixás, conhecidos como Juntós, ou Adjuntós, conforme a ordem de influência, e ainda outros.

Na chamada coroa de um médium de Umbanda ainda aparecem os Guias e as Entidades, em trama e enredo bastante diversificados (embora, por exemplo, geralmente se apresente para cada médium um Preto-Velho, há outros que o auxiliam, e esse mesmo Preto-Velho poderá, por razões diversas, dentre elas missão cumprida, deixar seu médium e partir para outras missões, inclusive em outros planos). De modo geral, a Umbanda não considera os Orixás que descem ao terreiro energias e/ou forças supremas desprovidas de inteligência e individualidade. Para os africanos (e tal conceito reverbera fortemente no Candomblé), Orixás são ancestrais divinizados, que incorporam conforme a ancestralidade, as afinidades e a coroa de cada médium. No Brasil, teriam sido confundidos com os chamados Imolês, isto é, Divindades Criadoras, acima das quais aparece um único Deus: Olorum ou Zâmbi. Na linguagem e na concepção umbandistas, portanto, quem incorpora numa gira de Umbanda, segundo alguns segmentos não são os Orixás propriamente ditos, mas seus falangeiros, em nome dos próprios Orixás, ou, conforme outros segmentos, Orixás sim, contudo com um nível hierárquico mais abaixo. A primeira concepção está de acordo com o conceito de ancestral (espírito) divinizado (e/ou evoluído) vivenciado pelos africanos que para cá foram trazidos como escravos. Mesmo que essa visão não seja consensual (há quem defenda que tais Orixás já encarnaram, enquanto outros segmentos umbandistas – a maioria, diga-se de passagem – rejeitam esse conceito), ao menos se admite no meio Umbandista que o Orixá que incorpora possui um grau adequado de adaptação à energia dos encarnados, o que seria incompatível para os Orixás hierarquicamente superiores. Na pesquisa feita por Miriam de Oxalá a respeito da ancestralidade e da divinização de ancestrais, aparece, dentre outras fontes, a célebre pesquisadora Olga Guidolle Cacciatore, para quem, *os Orixás são intermediários entre Olórun, ou melhor, entre seu representante (e filho) Oxalá e os homens. Muitos deles são antigos reis, rainhas ou heróis divinizados, os quais representam as vibrações das forças elementares da Natureza – raios, trovões, ventos, tempestades, água, fenômenos naturais como o arco-íris, atividades econômicas primordiais do homem primitivo – caça, agricultura – ou minerais, como o ferro que tanto serviu a essas atividades de sobrevivência, assim como às de extermínio na guerra.*

Entretanto, e como o tema está sempre aberto ao diálogo, à pesquisa, ao registro de impressões, conforme observa o médium umbandista e escritor Norberto Peixoto, é possível incorporar a forma-pensamento de um Orixá, a qual é plasmada e mantida pelas mentes dos encarnados. Em suas palavras, *era dia de sessão de preto (a) velho (a). Estávamos na abertura dos trabalhos, na hora da defumação. O congá 'repentinamente' ficou vibrado com o orixá Nanã, que é considerado a mãe maior dos orixás e o seu axé (força) é um dos sustentadores da egrégora da Casa desde a sua fundação, formando par com Oxóssi. Faltavam poucos dias para o amací (ritual de lavagem da cabeça com ervas maceradas), que tem por finalidade fortalecer a ligação dos médiuns com os orixás regentes e guias espirituais. Pedi um ponto cantado de Nanã Buruquê, antes dos cânticos habituais. Fiquei envolvido com uma energia lenta, mas firme. Fui transportado mentalmente para a beira de um lago lindíssimo e o orixá Nanã me 'ocupou', como se entrasse em meu corpo astral ou se interpenetrasse com ele, havendo uma incorporação total. (...) Vou explicar com sinceridade e sem nenhuma comparação, como tanto vemos por aí, como se a manifestação de um ou outro (dos espíritos na umbanda versus dos orixás em outros cultos) fosse mais ou menos superior, conforme o pertencimento de quem os compara a uma ou outra religião. A 'entidade' parecia um 'robô', um autômato sem pensamento contínuo, levado pelo som e pelos gestos. Sem dúvida, houve uma intensa movimentação de energia benfeitora, mas durante a manifestação do orixá minha cabeça ficou mentalmente vazia, como se nenhuma outra mente ocupasse o corpo energético do orixá que dançava, o que acabei sabendo depois tratar-se de uma forma-pensamento plasmada e mantida 'viva' pelas mentes dos encarnados.*

No cotidiano dos terreiros, por vezes o vocábulo Orixá é utilizado também para Guias. Nessas casas, por exemplo, é comum ouvir alguém dizer antes de uma gira de Pretos-Velhos: "Precisamos preparar mais banquinhos, pois hoje temos muitos médiuns e, portanto, aumentará o número de Orixás em terra."

São diversas as classificações referentes aos Orixás na Umbanda. A título de exemplo, observe-se a tabela a seguir:

1. Orixás Virginais	Responsáveis pelo reino virginal.
2. Orixás Causais	Aferem carma causal
3. Orixás Refletores	Responsáveis pela coordenação da energia (massa).
4. Orixás Originais	Recebem dos três graus anteriores as vibrações universais.
5. Orixás Supervisores	Supervisionam as leis universais.
6. Orixás Intermediários	Senhores dos tribunais solares do Universo Astral.
7. Orixás Ancestrais	Senhores da hierarquia planetária.

Há também diversas classificações sobre os graus de funções dos Orixás, como a que segue abaixo:

Categoria	Grau	Denominação
Orixá Maior	–	–
Orixá Menor	1º.	Chefe de Legião
Orixá Menor	2º.	Chefe de Falange
Orixá Menor	3º.	Chefe de Subfalange
Guia	4º.	Chefe de Grupamento
Protetor	5º.	Chefe Integrante de Grupamento
Protetor	6º.	Subchefe de Grupamento
Protetor	7º.	Integrante de Grupamento

Os Orixás conhecidos na Umbanda são os Ancestrais, subordinados a Jesus Cristo, governador do Planeta Terra. Os mais comuns na Umbanda são Oxalá, Ibejis, Obaluaê, Ogum, Oxóssi, Xangô, Iansã, Iemanjá, Nanã, Oxum (desses, apenas Ibejis não assumem a chamada Tríade do Coronário dos médiuns, isto é, Eledá e Adjuntós).

Orixás pessoais compõem a banda visível e/ou invisível de um médium. Orixás (bem como Guias e Guardiões, na terminologia cotidiana dos terreiros) individualizados, que trabalharão com determinado médium, em fundamento e/ou manifestação explícita, em especial na incorporação, por meio da intuição e outros tantos meios.

Oxalá

Orixá maior, responsável pela criação do mundo e do homem. Pai de todos os demais Orixás, Oxalá (Orinxalá ou Obatalá) foi quem deu ao homem o livre-arbítrio para trilhar seu próprio caminho.

Possui duas qualidades básicas: Oxalufã (o Oxalá velho) e Oxaguiã (o Oxalá novo). Enquanto o primeiro é sincretizado com Deus Pai cristão, o segundo encontra correspondência com Jesus Cristo e, de modo especial, com Nosso Senhor do Bonfim. Também há uma correlação entre Oxalá e Jesus menino, daí a importância especial da festa do Natal para algumas casas.

Oxalá representa a sabedoria, a serenidade, a pureza do branco (o funfun), o respeito.

Características

Animais: caramujo, pombo branco.
Bebida: água, água de coco.
Chacra: coronário.
Cor: branco.
Comemoração: Festa do Senhor do Bonfim.
Comidas: canjica talvez seja sua comida mais conhecida; arroz-doce.

Contas: brancas leitosas.

Corpo humano e saúde: todo o corpo, em especial o aspecto psíquico.

Dias da semana: sexta-feira e domingo.

Elemento: ar.

Elementos incompatíveis: bebida alcoólica, dendê, sal, vermelho.

Ervas: a mais conhecida talvez seja o tapete-de-oxalá (boldo).

Essências: aloés, laranjeira e lírio.

Flores: brancas, especialmente o lírio.

Metal: ouro (para alguns, prata).

Pedras: brilhante, cristal de rocha, quartzo leitoso.

Planeta: Sol.

Pontos da natureza: praia deserta ou colina descampada.

Saudação: Epa Babá! (Salve Oxalá!)

Símbolo: opaxorô (cajado metálico de Oxalufá, com discos prateados paralelos em cujas bordas são colocados pequenos objetos simbólicos).

Sincretismo: Deus Pai, Jesus Cristo (em especial, Senhor do Bonfim).

Sincretismo

SENHOR DO BONFIM (Lavagem do Bonfim: terceira quinta-feira de janeiro). A devoção ao Senhor do Bonfim, em Salvador, destaca-se no século XVIII por uma promessa feita por um capitão de mar e guerra, que, cumprindo uma promessa, fez trazer uma imagem de Setúbal (Portugal). A imagem ficou na Igreja da Penha até 1754, quando foi transferida para a parte interna da Capela do Bonfim, que já estava pronta.

A Festa da Lavagem do Bonfim é um ritual sincrético que remonta às chamadas Águas de Oxalá, celebradas especialmente no Candomblé com ritual próprio.

Ogum

Filho de Iemanjá, irmão de Exu e Oxóssi, deu a este último suas armas de caçador, Orixá do sangue que sustenta o corpo, da espada, da forja e do ferro, é padroeiro daqueles que manejam ferramentas, tais como barbeiros, ferreiros, maquinistas de trem, mecânicos, motoristas de caminhão, soldados e outros. Patrono dos conhecimentos práticos e da tecnologia, simboliza a ação criadora do homem sobre a natureza, a inovação, a abertura de caminhos em geral. Foi casado com Iansã e posteriormente com Oxum, entretanto vive só, pelas estradas, lutando e abrindo caminhos.

Senhor dos caminhos (isto é, das ligações entre lugares, enquanto Exu é o dono das encruzilhadas, do tráfego em si) e das estradas de ferro, protege, ainda, as portas de casas e templos. Sendo senhor da faca, no Candomblé, suas oferendas rituais vêm logo após as de Exu. Vale lembrar que, tradicionalmente, o Ogã de faca, responsável pelo corte (sacrifício animal), chamado Axogum, deve ser filho de Ogum.

Responsável pela aplicação da Lei, é vigilante, marcial, atento. Na Umbanda, Ogum é o responsável maior pela vitória contra demandas (energias deletérias) enviadas contra alguém, uma casa religiosa etc. Sincretizado com São Jorge, assume a forma mais popular de devoção, por meio de orações, preces, festas e músicas diversas a ele dedicadas.

Características

Animais: cachorro, galo vermelho.
Bebida: cerveja branca.
Chacra: umbilical.
Cor: vermelha (azul rei, verde).

Comemoração: 23 de abril.

Comidas: cará, feijão mulatinho com camarão e dendê, manga espada.

Contas: contas e firmas vermelhas leitosas.

Corpo humano e saúde: sistema nervoso, mãos, pulso, sangue.

Dia da semana: terça-feira.

Elemento: fogo.

Elemento incompatível: quiabo.

Ervas: peregum verde, são-gonçalinho, quitoco, mariô, lança-de-ogum, coroa-de-ogum, espada-de-ogum, canela-de-macaco, erva-grossa, parietária, nutamba, alfavaquinha, bredo, cipó-chumbo.

Essências: violeta.

Flores: cravos, crista de galo, palmas vermelhas.

Metal: ferro, aço e manganês.

Pedras: granada, rubi, sárdio, lápis-lazúli, topázio azul.

Planeta: Marte.

Pontos da natureza/de força: estradas e caminhos, estradas de ferro, meio da encruzilhada.

Saudação: Ogum iê! ou Ogunhê! (Salve Ogum!)[9]

Símbolos: espada, ferramentas, ferradura, escudo, lança.

Sincretismo: São Jorge, Santo Antônio.

Sincretismo

SÃO JORGE (23 de abril) – Mártir da fé cristã no século IV, cavaleiro da Capadócia que, segundo a lenda, teria vencido um dragão.

---

9. Patacori!: Saudação a Ogum. Significa "Cabeça coroada!" ou "Aquele que corta cabeças!". A segunda acepção pode parecer violenta, mas na Umbanda, cada vez se entende mais que Ogum corta o Ori dos pensamentos velhos, para que o Ori renovado cresça, se desenvolva.

Oxóssi

Irmão de Exu e Ogum, filho de Oxalá e Iemanjá (ou, em outras lendas, de Apaoka, a jaqueira), rei de Ketu, Orixá da caça e da fartura. Associado ao frio, à noite e à lua, suas plantas são refrescantes. Ligado à floresta, à árvore, aos antepassados, Oxóssi, enquanto caçador, ensina o equilíbrio ecológico, e não o aspecto predatório da relação do homem com a natureza, a concentração, a determinação e a paciência necessárias para a vida ao ar livre.

Rege a lavoura e a agricultura. Na Umbanda, de modo geral, amalgamou-se ao Orixá Ossaim no que toca aos aspectos medicinais, espirituais e ritualísticos das folhas e plantas. Como no Brasil a figura mítica do indígena habitante da floresta é bastante forte, a representação de Oxóssi, por vezes, aproxima-se mais do índio do que do negro africano. Não à toa, Oxóssi rege a Linha dos Caboclos, e o Candomblé, em muitos Ilês, abriu-se para o culto aos Caboclos, de maneira explícita, ou mesmo camuflada, para não desagradar aos mais tradicionalistas.

No âmbito espiritual, Oxóssi caça os espíritos perdidos, buscando trazê-los para a Luz. Sábio mestre e professor, representa a sabedoria e o conhecimento espiritual, com os quais alimenta os filhos, fortificando-os na fé.

Características

Animais: javali, tatu, veado e qualquer tipo de caça.
Bebida: água de coco, aluá, caldo de cana, vinho tinto.
Chacra: esplênico.
Cores: verde (azul celeste claro).
Comemoração: 20 de janeiro.
Comidas: axoxô, carne de caça, frutas.

Contas: verdes leitosas (azul turquesa, azul claro).

Corpo humano e saúde: aparelho respiratório.

Elemento: terra.

Elementos incompatíveis: cabeça de bicho (em cortes ou alimentos), mel, ovo.

Ervas: alecrim, guiné, vence-demanda, abre-caminho, peregum verde, taioba, espinheira-santa, jurema, jureminha, mangueira, desata-nó, erva-de-Oxóssi, erva-da-jurema.

Essência: alecrim.

Flores: flores do campo.

Metal: bronze, latão.

Pedras: amazonita, esmeralda, calcita verde, quartzo verde, turquesa.

Planeta: Vênus.

Pontos da natureza: matas.

Saudação: Okê Arô! (Salve o Rei, que fala mais alto!)

Símbolos: arco e flecha (ofá), iruquerê. O iruquerê é símbolo da realeza de Oxóssi, o iruquerê, à maneira de mata-moscas, é feito de pelos de rabo de boi, em cabo de madeira ou metal. O vocábulo deriva do iorubá "ìrùkèrè", que se refere a insígnia de poder real e sacerdotal.

Sincretismo: São Sebastião (predomina na Umbanda), São Jorge (predomina no Candomblé).

Sincretismo

SÃO SEBASTIÃO (20 de janeiro) – Mártir da fé cristã, centurião que foi amarrado a um tronco e teve o corpo transpassado por flechas.

Xangô

Um dos Orixás mais populares no Brasil, provavelmente por ter sido a primeira divindade iorubana a chegar às terras brasileiras, juntamente com os escravos. Além disso, especialmente em Pernambuco e Alagoas, o culto aos Orixás recebe o nome genérico de Xangô, donde se deriva também a expressão Xangô de Caboclo para designar o chamado Candomblé de Caboclo.

Orixá da Justiça, o Xangô mítico-histórico teria sido um grande rei (alafin) de Oyó (Nigéria) após ter destronado seu irmão Dadá-Ajaká. Na teogonia iorubana, é filho de Oxalá e Iemanjá. Representa a decisão, a concretização, a vontade, a iniciativa e, sobretudo, a justiça (que não deve ser confundida com vingança). Xangô é o articulador político, presente na vida pública (lideranças, sindicatos, poder político, fóruns, delegacias etc.). Também Orixá que representa a vida, a sensualidade, a paixão, a virilidade. Seu machado bipene, o oxê, é símbolo da justiça (todo fato tem, ao menos, dois lados, duas versões, que devem ser pesadas, avaliadas).

Teve como esposas Obá, Oxum e Iansã.

Características

Animais: tartaruga, cágado, carneiro.
Bebida: cerveja preta.
Chacra: cardíaco.
Cores: marrom (branco e vermelho)
Comemoração: 24 de junho (São João Batista), 30 de setembro (São Jerônimo)
Comidas: agebô, amalá.
Contas: marrom leitosas.
Corpo humano e saúde: fígado e vesícula.

Dia da semana: quarta-feira.

Elemento: fogo.

Elementos incompatíveis: caranguejo e doenças.

Ervas: erva-de-são-joão, erva-de-santa-maria, beti-cheiroso, nega--mina, alevante, cordão-de-frade, jarrinha, erva-de-bicho, erva--tostão, caruru, para-raio, umbaúba.

Essências: cravo (a flor).

Flores: cravos brancos e vermelhos.

Metal: estanho.

Pedras: jaspe, meteorito, pirita.

Planeta: Júpiter.

Ponto da natureza: pedreira.

Saudação: Kaô Cabecilê! ou Kaô Cabecile! (Venham saudar o Rei!)

Símbolos: machado.

Sincretismo: Moisés, Santo Antônio, São Jerônimo, São João Batista, São José, São Pedro.

Sincretismo

SÃO JERÔNIMO: Nascido em Estridão, na Dalmácia, em aproximadamente 345 d.C., faleceu em Belém em 419 d.C. Tradutor, foi responsável pela tradução da Bíblia para o latim (Vulgata). Erudito, estudioso, doutor da Igreja, foi também secretário do Papa Dâmaso. Após a morte do pontífice, sofrendo críticas e calúnias, retirou-se para Belém. Geralmente é representado como um ancião de barbas e cabelos brancos, com um leão (um dos animais símbolos de Xangô) e um livro (Bíblia). Trata-se certamente da forma mais popular de sincretismo do Orixá Xangô na Umbanda por meio de representação de imagens em seus altares, embora nos pontos cantados predomine a figura de São João Batista. Reza a lenda que, com senso de justiça, São Jerônimo defendeu um leão da acusação, sem provas e apressada por observações sobre a aparência dos fatos, de haver matado e comido um seu amigo jumento, o que depois se verificou não ser verdade. Sua festa é celebrada no dia 30 de setembro, Dia da Bíblia para a Igreja Católica. Sincretizado principalmente com Xangô Agodô.

SÃO JOÃO BATISTA: Nascido na Judeia, por volta do ano 2 a.C., foi morto aproximadamente em 27 d.C. Primo de Jesus, foi o precursor de sua mensagem e acabou por batizar o próprio Jesus, de quem se declarava indigno de desatar as sandálias. Célebre por dizer o que pensava, não temia acusar Herodes Antipas por haver se casado com a viúva de seu irmão, o que não era permitido por lei. Contudo, segundo consta, Herodes tolerava João Batista e lhe admirava o verbo. A astúcia de Herodíade, a esposa, colocou Salomé, filha de seu casamento anterior para dançar para o rei, e este lhe prometeu o que desejasse, mesmo se a metade de seu reino, ao que a enteada, por influência da mãe, solicitou a cabeça de João Batista numa bandeja, tendo o rei de cumprir sua promessa. Sua festa é celebrada em 24 de junho, com as célebres fogueiras, em especial na noite/madrugada do dia 23 para o dia 24.

SÃO PEDRO: Discípulo de João Batista e Apóstolo de Jesus Cristo, nasceu em Betsaida e morreu em Roma em 64 d.C., no reinado de Nero, crucificado de cabeça para baixo pelo fato de se sentir indigno de morrer como o Mestre. Seu nome foi dado por Jesus e significa "pedra", "rocha" ("Cefas", em aramaico), sobre a qual se edificou a comunidade cristã (para a Igreja Católica, Pedro foi o primeiro Papa). Fazendo parte do círculo íntimo de Jesus, Pedro foi o Apóstolo que prometeu segui-lo, porém o negou três vezes, por medo; impetuoso, cortou a orelha de um empregado do Sumo Sacerdote que acompanhava o grupo que havia ido prender Jesus, tendo o ferimento sido curado por Mestre. Distingue-se de

João, o chamado "Discípulo Amado", que em tudo seria exemplar, e de Judas, que trairia o Mestre, sendo, assim, um dos Apóstolos cujo arquétipo mais se aproxima das oscilações da alma humana e bem representa o caminho das pedras até o amadurecimento, por meio de erros e acertos. Não à toa, arquetipicamente, Xangô Airá é associado a São Pedro, conforme visto no capítulo 15. Em diversas imagens, além das chaves que ligam céu e terra, traz também um livro, elemento relacionado a diversas representações sincréticas de Xangô. Festa: 29 de junho.

MOISÉS: Não se trata propriamente de santo católico, mas de legislador, líder religioso e profeta do Antigo Testamento, responsável pela libertação do povo hebreu da escravidão no Egito. A Moisés se associam as Tábuas da Lei, com os Dez Mandamentos, que, segundo a tradição, teria recebido do próprio Deus. Por sua liderança, pela sabedoria e experiência (a representação mais conhecida de Moisés é a de um patriarca em idade madura, com barbas e cabelos brancos), pelo texto da Lei impresso em pedra e recebido no Monte Sinai, com ele é sincretizado Xangô.

SÃO JOSÉ: Esposo de Nossa Senhora e pai (segundo a tradição católica, putativo) de Jesus, é representado como homem maduro e grisalho, com barba. Trata-se de patriarca que traz ao colo o filho amado, ainda criança, e segura na mão um lírio branco, flor de Xangô (também flor de Oxalá; de Xangô é também o cravo branco ou vermelho), o que favorece o sincretismo. Sua festa é celebrada em 19 de março.

SÃO JUDAS TADEU: Apóstolo de Jesus, viveu no século I, irmão de São Tiago Menor. Conhecido como "Tadeu", isto é, "aquele que tem peito largo". Pregou na Galileia, na Judeia, na Síria e na Mesopotâmia. Em muitas de suas representações, aparece como um homem maduro de barba e com um instrumento que lembra muito um machado ou uma foice e com um livro (Evangelho) na mão. É invocado para casos impossíveis ou de desespero. Sua festa é celebrada em 28 de outubro.

Observe-se, não apenas no caso de Xangô Airá (sincretizado com São Pedro), a estreita ligação entre cada santo católico e Jesus Cristo (sincretizado com Oxalá), bem como entre Moisés e Deus Pai (também sincretizado com Oxalá).

Oxum

Orixá do feminino, da feminilidade, da fertilidade, ligada ao rio de mesmo nome, em especial em Oxogbô, Ijexá (Nigéria). Senhora das águas doces, dos rios, das águas quase paradas das lagoas não pantanosas, das cachoeiras e, em algumas qualidades e situações, também da beira-mar. Perfumes, joias, colares, pulseiras, espelho alimentam sua graça e beleza.

Filha predileta de Oxalá e de Iemanjá, foi esposa de Oxóssi, de Ogum e, posteriormente, de Xangô (segunda esposa). Senhora do ouro (na África, cobre), das riquezas, do amor. Orixá da fertilidade, da maternidade, do ventre feminino, a ela se associam as crianças. Nas lendas em torno de Oxum, a menstruação, a maternidade, a fertilidade, enfim, tudo o que se relaciona ao universo feminino, é valorizado. Entre os iorubás, tem o título de Ialodê (senhora, "lady"), comandando as mulheres, arbitrando litígios e responsabilizando-se pela ordem na feira.

Segundo a tradição afro-brasileira mais antiga, no jogo dos búzios, é ela quem formula as perguntas, respondidas por Exu. Os filhos de Oxum costumam ter boa comunicação, inclusive no que tange a presságios. Oxum, Orixá do amor, favorece a riqueza espiritual e material, além de estimular sentimentos como amor, fraternidade e união.

Características

Animal: pomba rola.

Bebida: champanhe.

Chacra: umbilical.

Cor: azul (amarelo).

Comemoração: 8 de dezembro.

Comidas: banana frita, ipeté, omolocum, moqueca de peixe e pirão (com cabeça de peixe), quindim.

Contas: cristal azul (amarelo).

Corpo humano e saúde: coração e órgãos reprodutores femininos.

Dia da semana: sábado.

Elemento: água.

Elementos incompatíveis: abacaxi, barata.

Ervas: colônia, macaçá, oriri, santa-luzia, oripepê, pingo-d´água, agrião, dinheiro-em-penca, manjericão branco, calêndula, narciso, vassourinha (menos para banho), erva-de-santa-luzia (menos para banho), jasmim (menos para banho).

Essências: lírio, rosa.

Flores: lírio, rosa amarela.

Metal: ouro.

Pedras: topázio (azul e amarelo).

Planetas: Vênus, Lua.

Pontos da natureza: cachoeira e rios.

Saudação: Ora ye ye o! A ie ie u! (Salve, Mãe das Águas!)

Símbolos: cachoeira, coração.

Sincretismo: Nossa Senhora Aparecida, Nossa Senhora das Cabeças, Nossa Senhora da Conceição, Nossa Senhora de Fátima, Nossa Senhora de Lourdes, Nossa Senhora de Nazaré.

Sincretismo

NOSSA SENHORA APARECIDA (12 de outubro) – A aproximação de Oxum com Nossa Senhora Aparecida se dá por diversos fatores, sobretudo porque aquela que é hoje a Padroeira do Brasil foi encontrada (imagem escurecida que foi associada à pele negra) no rio Paraíba, em 1717. Além disso, Nossa Senhora Aparecida, rainha, tem um manto salpicado de dourado, bem como uma coroa de ouro, que lhe foram acrescidos ao longo do tempo.

Iansã

Orixá guerreiro, senhora dos ventos, das tempestades, dos trovões e também dos espíritos desencarnados (eguns), conduzindo-os para outros planos, ao lado de Obaluaê. Divindade do rio Níger, ou Oya, é sensual, representando o arrebatamento, a paixão. De temperamento forte, foi esposa de Ogum, e depois a mais importante esposa de Xangô (ambos tendo o fogo como elemento afim). Irrequieta e impetuosa, é a senhora do movimento e, em algumas casas, também a dona do teto da própria casa.

Uma de suas funções espirituais é trabalhar a consciência dos desencarnados que estão à margem da Lei, para, então, poder encaminhá-los a outra linha de evolução.

Características

Animais: borboleta (inseto), cabra amarela, coruja rajada.
Bebida: champanhe.
Chacras: cardíaco e frontal.
Cores: amarela (coral).
Comemoração: 4 de dezembro (Santa Bárbara).

Comidas: acarajé, ipeté, bobó de inhame.

Contas: coral – amarelo, bordô, marrom ou vermelho.

Dia da semana: quarta-feira.

Elemento: fogo.

Elementos incompatíveis: abóbora, rato.

Ervas: cana-do-brejo, erva-prata, espada-de-iansã, folha-de-louro (menos para banho), erva-de-santa-bárbara, folha-de-fogo, colônia, mitanlea, folha da canela, peregum amarelo, catinga-de-mulata, parietária, para-raio.

Essências: patchouli.

Flores: amarelas ou corais.

Metal: cobre.

Pedras: coral, cornalina, granada, rubi.

Planetas: Júpiter, Lua.

Ponto da natureza: bambuzal.

Saudação: Eparrei! (Salve!)

Símbolos: iruexim, raio. O iruexim é uma espécie de chicote de Iansã, feito com rabo de cavalos, para espantar eguns. O vocábulo deriva do iorubá "irù esin", com o sentido de "rabo de cavalo".

Sincretismo: Santa Bárbara, Santa Joana d'Arc, Santa Catarina.

Sincretismo

SANTA BÁRBARA (4 de dezembro) – Segundo a tradição, Bárbara vivia encarcerada numa torre pelo próprio pai. Convertida à fé cristã, fugiu e foi condenada à morte. O pai, substituindo o algoz, cortou-lhe o pescoço com uma espada, sendo, então, atingido por um raio.

NANÃ

Associada às águas paradas e à lama dos pântanos, Nanã é a decana dos Orixás. De origem daomeana, incorporada ao panteão iorubá, foi a primeira esposa de Oxalá, tendo com ele três filhos: Iroko (ou Tempo), Obaluaê (ou Omulu) e Oxumaré.

Senhora da vida (lama primordial) e da morte (dissolução do corpo físico na terra), seu símbolo é o ibiri, feixe de ramos de folha de palmeiras, com a ponta curvada e enfeitado com búzios. Segundo a mitologia dos Orixás, trata-se do único Orixá a não ter reconhecido a soberania de Ogum por ser o senhor dos metais: por isso, nos Cultos de Nação, o corte (sacrifício de animais) feito à Nanã nunca é feito com faca de metal. Presente na chuva e na garoa: banhar-se com as águas da chuva é banhar-se no e com o elemento de Nanã.

No tocante à reencarnação, envolve o espírito numa irradia-ção única, diluindo os acúmulos energéticos e adormecendo sua memória, de modo a ingressar na nova vida sem se lembrar das anteriores. Representa, ainda, a menopausa, enquanto Oxum esti-mula a sexualidade feminina e Iemanjá, a maternidade.

Nanã rege a maturidade, bem como atua no racional dos seres.

Características

Animais: cabra, galinha e pata brancas.
Bebida: champanhe.
Chacras: frontal e cervical.
Cores: roxo ou lilás (branco e azul).
Comemoração: 26 de julho (Sant'Ana).
Comidas: aberum, feijão preto com purê de batata doce, mungunzá.
Contas: contas, firmas e miçangas de cristal lilás.

Corpo humano e saúde: dor de cabeça e problemas intestinais.

Dias da semana: sábado, segunda-feira.

Elemento: água.

Elementos incompatíveis: lâminas, multidões.

Ervas: manjericão roxo, ipê roxo, colônia, folha-da-quaresma, erva-de-passarinho, dama-da-noite, canela-de-velho, salsa-da--praia, manacá.

Essências: dália, limão, lírio, narciso, orquídea.

Flores: roxas.

Metais: latão, níquel.

Pedras: ametista, cacoxenita, tanzanita.

Planetas: Lua e Mercúrio.

Pontos da natureza/de firmeza: águas profundas, cemitérios, lama, lagos, pântanos.

Saudação: Saluba, Nanã! ("Nós nos refugiamos em Nanã!", ou "Salve a Senhora da Lama (ou do Poço!", ou ainda "Salve a Senhora da Morte!".)

Símbolos: chuva, ibiri.

Sincretismo: Sant´Ana.

Sincretismo

NOSSA SENHORA DE SANT´ANA (26 de julho) – Segundo a tradição, mãe de Maria e, portanto, avó de Jesus. Esposa de São Joaquim.

IEMANJÁ

Considerada a mãe dos Orixás, divindade dos Egbé, da nação Iorubá, está ligada ao rio Yemojá. No Brasil, é a rainha das águas e dos mares. Protetora de pescadores e jangadeiros, suas festas são muito populares no país, tanto no Candomblé quanto na Umbanda, especialmente no extenso litoral brasileiro. Senhora dos mares, das marés, da onda, da ressaca, dos maremotos, da pesca, da vida marinha em geral.

Conhecida como Deusa das Pérolas, é o Orixá que apara a cabeça dos bebês na hora do nascimento. Rege os lares, as casas, as uniões, as festas de casamento, as comemorações familiares. Responsável pela união e pelo sentido de família, seja por laços consanguíneos ou não.

Características

Animais: peixe, cabra branca, pata ou galinha branca.

Bebida: água mineral, champanhe.

Chacra: frontal.

Cores: cristal (branco, azul claro, rosa claro, verde claro).

Comemoração: 2 de fevereiro, 8 de dezembro, 15 de agosto.

Comidas: arroz, canjica, camarão, mamão, manjar, peixe.

Contas: contas e miçangas de cristal, com firmas em cristal.

Corpo humano e saúde: psiquismo, sistema nervoso.

Dia da semana: sábado.

Elemento: água.

Elementos incompatíveis: poeira, sapo.

Ervas: colônia, pata-de-vaca, embaúba, abebê, jarrinha, golfo, rama-de-leite.

Essências: jasmim, rosa branca, crisântemo, orquídea.

Flores: rosas brancas, palmas brancas, angélicas, orquídeas e crisântemos brancos.

Metal: prata.

Pedras: água marinha, calcedônia, lápis-lazúli, pérola, turquesa.

Planeta: Lua.

Ponto da natureza: mar.

Saudações: Odoya! ou Odoyá! ou Odofiaba! (Mãe das Águas!)

Símbolos: lua minguante, ondas, peixes.

Sincretismo: Nossa Senhora das Candeias, Nossa Senhora da Glória, Nossa Senhora dos Navegantes.

Sincretismo

NOSSA SENHORA DOS NAVEGANTES – Festa: 2 de fevereiro, celebrada em diversas localidades do país, em rios e mares. Principalmente as casas de Candomblé festejam Iemanjá nessa data, em diversos pontos do litoral brasileiro.

NOSSA SENHORA DAS CANDEIAS – Também celebrada em 2 de fevereiro, trata-se da festa de purificação de Nossa Senhora, conforme os preceitos judaicos.

NOSSA SENHORA DA GLÓRIA – Festa: 15 de agosto. A data associava-se, ainda, à Assunção de Nossa Senhora, que, passou a ser celebrada no domingo seguinte ao 15 de agosto, em alteração do calendário da Igreja Católica para atender a particularidades do povo brasileiro

NOSSA SENHORA DA IMACULADA CONCEIÇÃO – Festa: 08 de dezembro. Enquanto, no Candomblé, geralmente se celebra Oxum nessa data, na Umbanda, a maioria das casas festeja Iemanjá, em vários pontos do litoral brasileiro. A Imaculada Conceição de Maria é um dogma da Igreja Católica, proclamado solenemente pelo Papa Pio em 1854, embora houvesse antecedentes na história da Igreja.

OBALUAÊ

Obaluaê, com as variações de Obaluaiê e Abaluaiê, tem culto originário no Daomé. Filho de Nanã, irmão de Iroko e Oxumaré, tem o corpo e o rosto cobertos por palha da costa, a fim de esconder as marcas da varíola, ou sendo outras lendas, por ter o brilho do próprio sol, e não poder ser olhado de frente. Foi criado por Iemanjá, pois Nanã o rejeitara por ser feio, manco e com o corpo coberto de feridas.

Orixá responsável pelas passagens, de plano para plano, de dimensão para dimensão, da carne para o espírito, do espírito para a carne. Orixá responsável pela saúde e pelas doenças, possui estreita ligação com a morte. Enquanto sua mãe se responsabiliza pela decantação dos espíritos que reencarnarão, Obaluaê estabelece o cordão energético que une espírito e feto, que a ser recebido no útero materno assim que tiver o desenvolvimento celular básico, vale dizer, o dos órgãos físicos. Em linhas gerais, Obaluaê é a forma mais velha do Orixá, enquanto Omulu é sua versão mais jovem, embora para a maioria as figuras e os arquétipos sejam idênticos.

Conhecido como médico dos pobres, com seu xaxará (feixe de piaçavas ou maço de palha-da-costa, enfeitado com búzios e miçangas), afasta as enfermidades, trazendo a cura. Também é o guardião das almas que ainda não se libertaram do corpo físico e senhor da calunga (cemitério). Os falangeiros do Orixá são os responsáveis por desligar o chamado cordão de prata (fios de agregação astral-físicos), responsável pela ligação entre o perispírito e o corpo carnal. Atuam em locais de manifestação do pré e do pós-morte, tais como hospitais, necrotérios e outros, com vistas a não permitir que espíritos vampirizadores se alimentem do duplo etérico dos desencarnados ou dos que estão próximos do desencarne. Além disso, auxiliam os profissionais da área da saúde, de terapias holísticas e afins, bem como aliviam as dores dos que padecem.

Características

Animais: cachorro, caranguejo, galinha-de-angola, peixes de couro.

Bebidas: água mineral, vinho tinto.

Chacra: básico.

Cores: preto e branco.

Comemoração: 16 de agosto (São Roque), 17 de dezembro (São Lázaro).

Comidas: feijão preto, carne de porco, deburu, abado, latipá, iberém.

Contas: contas e miçangas brancas e pretas leitosas.

Corpo humano e saúde: todas as partes do corpo.

Dia da semana: segunda-feira.

Elemento: terra.

Elementos incompatíveis: claridade, sapo.

Ervas: canela-de-velho, erva-de-bicho, erva-de-passarinho, barba-de-milho, barba-de-velho, cinco-chagas, fortuna, hera.

Essências: cravo, menta.

Flores: monsenhor branco.

Metal: chumbo.

Pedras: obsidiana, olho-de-gato, ônix.

Planeta: Saturno.

Pontos da natureza/de força: cemitérios, grutas, praia.

Saudação: Atotô! (Significa "Silêncio!", uma vez que Obaluaê pede silêncio, respeito, seriedade.).

Símbolos: cruz, cruzeiro.

Sincretismo: São Roque, São Lázaro.

Sincretismo

SÃO ROQUE (17 de agosto) – Natural de Montpellier, França, no século XV, auxiliava vítimas da peste, pela Itália. Quando contraiu a doença, peregrinou solitário. Representações iconográficas mostram um cão que teria levado um pão para Roque não morrer de fome. Teria morrido em Angera, Itália, numa prisão, confundido com um espião, ou em Montpellier, segundo outras fontes.

SÃO LÁZARO (17 de dezembro) – Segundo a tradição, irmão de Marta e Maria que teria sido ressuscitado por Jesus e posteriormente sofrido martírio em Marselha. A ele se associam a lepra e os cães que lhe lambem as feridas, provavelmente por associação a outro Lázaro, o da parábola sobre o rico e o pobre (Lc 16, 19-31).

Outros Orixás cultuados na Umbanda

Exu

Conhecido pelos Fons como Legba ou Legbara, o Exu iorubano é Orixá bastante controvertido e de difícil compreensão, o que, certamente o levou a ser identificado com o Diabo cristão. Responsável pelo transporte das oferendas aos Orixás e também pela comunicação dos mesmos, é, portanto, seu intermediário. Como reza antigo provérbio, "Sem Exu não se faz nada".

Seu arquétipo é o daquele que questiona as regras, para quem nem sempre o certo é certo, ou o errado, errado. Assemelha-se bastante ao Trickster dos indígenas norte-americanos. Seus altares e símbolos são fálicos, pois representa a energia criadora, o vigor da sexualidade.

Responsável pela vigia e guarda das passagens, é aquele que abre e fecha caminhos, ajudando a encontrar meios para o progresso além da segurança do lar e protegendo contra os mais diversos perigos e inimigos.

De modo geral, o Orixá Exu não é diretamente cultuado na Umbanda, mas sim os Guardiões (Exus) e Guardiãs (Pombogiras).

Características

Animais: cachorro, galinha preta.

Bebida: cachaça.

Chacra: básico (sacro).

Cores: preto e vermelho.

Comemoração: 13 de junho.

Comida: padê.

Contas: pretas e vermelhas.

Corpo humano e saúde: dores de cabeça relacionadas a problemas no fígado.

Dia da semana: segunda-feira.

Elemento: fogo.

Elementos incompatíveis: comidas brancas, leite, sal.

Ervas: arruda, capim tiririca, hortelã, pimenta, salsa, urtiga.

Flores: cravos vermelhos.

Metal: ferro.

Pedras: granada, ônix, turmalina negra, rubi.

Planeta: Mercúrio.

Pontos da natureza/de força: encruzilhadas, passagens.

Saudação: Laroiê, Exu, Exu Mojubá! (Salve, Mensageiro, eu saúdo Exu!). Fórmula usada para os Guardiões e também para Pombogiras.

Símbolos: bastão (ogó), tridente.

Sincretismo: Santo Antônio.

Sincretismo

SANTO ANTÔNIO DE PÁDUA OU DE LISBOA (13 de junho) – Talvez a associação de Exu com o franciscano do século XIII seja porque o mesmo foi canonizado no dia de Pentecostes, ao qual se associam línguas de fogo descendo do céu, sendo o fogo o elemento do Orixá Exu. Certamente a associação se dá porque Antônio era missionário, peregrino, caminhando sempre.

Oxumaré

Filho mais novo e preferido de Nanã, Oxumaré participou da criação do mundo, enrolando-se ao redor da terra, reunindo a matéria, enfim, dando forma ao mundo. Desenhou vales e rios, rastejando mundo afora. Responsável pela sustentação do mundo, controla o movimento dos astros e oceanos. Representa o movimento, a fertilidade, o *continuum* da vida: Oxumaré é a cobra que morde a própria cauda, num ciclo constante.

Oxumaré carrega as águas dos mares para o céu, para a formação das chuvas. É o arco-íris, a grande cobra colorida. Também é associado ao cordão umbilical, pois viabiliza a comunicação entre os homens, o mundo dito sobrenatural e os antepassados. Na comunicação entre céu e terra, entre homem e espiritualidade/ancestralidade, mais uma vez se observa a ideia de ciclo contínuo representada pelo Orixá, a síntese dialética entre opostos complementares.

Nos seis meses em que assume a forma masculina, tem-se a regulagem entre chuvas e estiagem, uma vez que, enquanto o arco-íris brilha, não chove. Por outro lado, o próprio arco-íris indica as chuvas em potencial, prova de que as águas estão sendo levadas para o céu para formarem novas nuvens. Já nos seis meses em que assume a porção feminina, tem-se a cobra a rastejar com agilidade, tanto na terra quanto na água.

Por evocar a renovação constante, pode, por exemplo, diluir a paixão e o ciúme em situações onde o amor (irradiação de Oxum) perdeu terreno. Nesse mesmo sentido, pode também diluir a religiosidade fixada na mente de alguém, conduzindo-o a outro caminho religioso/espiritual que o auxiliará na senda evolutiva.

Em determinados segmentos e casas de Umbanda, Oxumaré aparece como uma qualidade do Orixá Oxum.

Características

Animal: cobra.

Bebida: água mineral.

Chacra: laríngeo.

Cores: verde e amarelo, cores do arco-íris.

Comemoração: 24 de agosto.

Comidas: batata doce em formato de cobra, bertalha com ovos.

Contas: verde e amarelas.

Corpo humano e saúde: pressão baixa, vertigens, problemas de nervos, problemas alérgicos.

Dia da semana: terça-feira.

Elemento: água.

Elementos incompatíveis: água salgada, sal.

Ervas: as mesmas de Oxum.

Flores: amarelas.

Metal: latão (ouro e prata misturados).

Pedras: ágata, diamante, esmeralda, topázio.

Pontos da natureza: próximo de quedas de cachoeiras.

Saudação: Arribobô! Arroboboi! (Salve o arco-íris! ou Senhor das Águas Supremas!, dentre tantas possíveis acepções).

Símbolos: arco-íris, cobra.

Sincretismo: São Bartolomeu.

Sincretismo

SÃO BARTOLOMEU (24 de agosto) – Bartolomeu é citado nos Evangelhos nas quatro enumerações dos Apóstolos. "Bar Tholmai" é filho de Tholmai ("tholmai" é "arado" ou "agricultor"). O Evangelho de João não traz o nome Bartolomeu, mas nome Natanael, contudo, conforme a tradição, trata-se da mesma personagem.

> *Filipe achou Natanael, e disse-lhe: Havemos achado aquele de quem Moisés escreveu na lei, e os profetas: Jesus de Nazaré, filho de José.*
>
> *Disse-lhe Natanael: Pode vir alguma coisa boa de Nazaré? Disse-lhe Filipe: Vem, e vê.*
>
> *Jesus viu Natanael vir ter com ele, e disse dele: Eis aqui um verdadeiro israelita, em quem não há dolo.*
>
> *Disse-lhe Natanael: De onde me conheces tu? Jesus respondeu, e disse-lhe: Antes que Filipe te chamasse, te vi eu, estando tu debaixo da figueira.*
>
> *Natanael respondeu, e disse-lhe: Rabi, tu és o Filho de Deus; tu és o Rei de Israel.*
>
> *Jesus respondeu, e disse-lhe: Porque te disse: Vi-te debaixo da figueira, crês? Coisas maiores do que estas verás.*
>
> *E disse-lhe: Na verdade, na verdade vos digo que daqui em diante vereis o céu aberto, e os anjos de Deus subindo e descendo sobre o Filho do homem. (Jo 1: 45-51)*

Segundo o breviário romano, conforme antiga tradição armênia,

O apóstolo Bartolomeu, que era da Galileia, foi para a Índia. Pregou àquele povo a verdade do Senhor Jesus segundo o Evangelho de São Mateus. Depois que naquela região converteu muitos a Cristo, sustentando não poucas fadigas e superando muitas dificuldades, passou para a Armênia Maior, onde levou a fé cristã ao rei Polímio, a sua esposa e a mais de 12 cidades. Essas conversões, no entanto, provocaram uma enorme inveja dos sacerdotes locais, que por meio do irmão do rei Polímio conseguiram a ordem de tirar a pele de Bartolomeu e depois decapitá-lo.

Santo patrono de diversas atividades ligadas à pele (curtume, confecção, comércio etc.), dentre outros elementos, certamente a ele é sincretizado Oxumaré pelo fato de sua pele ter sido retirada antes da decapitação. Por associação, o cruel episódio produz paralelismo com a troca de pele pela qual passam as cobras.

Obá

Orixá do rio Níger, irmã de Iansã, é a terceira e mais velha das esposas de Xangô. Alguns a cultuam como um aspecto feminino de Xangô.

É ainda prima de Euá, a quem se assemelha em muitos aspectos. Nas festas da fogueira de Xangô, leva as brasas para seu reino (símbolo do devotamento, da lealdade ao marido).

Guerreira e pouco feminina, quando repudiada pelo marido, rondava o palácio com a intenção de a ele retornar.

Características

Animal: galinha-de-angola.

Bebida: champanhe.

Cores: vermelha (marrom rajado).

Comemoração: 30 de maio.

Comidas: abará, acarajé e quiabo picado.

Corpo humano e saúde: audição, garganta, orelhas.

Dia da semana: quarta-feira.

Elemento: fogo.

Elementos incompatíveis: peixe de água doce, sopa.

Ervas: candeia, nega-mina, folha-de-amendoeira, ipomeia, man-gueira, manjericão, rosa branca.

Metal: cobre.

Pedras: coral, esmeralda, marfim, olho-de-leopardo.

Pontos da natureza: rios de águas revoltas.

Saudação: Obá xirê! (Salve a Rainha Guerreira!)

Símbolos: espada (ofangi) e escudo de cobre.

Sincretismo: Santa Joana d'Arc.

Sincretismo

SANTA JOANA D'ARC (30 de maio) – Padroeira de França, guerreira que viveu no século XIV e foi condenada à fogueira num processo forjado, com acusações de feitiçaria.

IBEJIS

Formado por duas entidades distintas, indicam a contradição os opostos que se complementam. Tudo o que se inicia está asso-ciado aos Ibejis: nascimento de um ser humano, a nascente de um rio etc. Geralmente são associados aos gêmeos Taiwo ("o que sentiu o primeiro gosto da vida") e Kainde ("o que demorou a sair"), às vezes a um casal de gêmeos. Seus pais também variam de lenda para lenda, contudo a mais conhecida os associam a Xangô e Oxum.

Responsáveis em zelar pelo parto e pela infância, bem como pela promoção do amor e da união.

Na Umbanda, em vez de se cultuar diretamente os Ibejis (Orixás), é mais comum cultuar-se a Linha de Yori.

Doum é a terceira criança, companheiro de Cosme e Damião, com os quais os Ibejis são sincretizados. O nome Doum deriva do iorubá "Idowu", nome atribuído ao filho que nasce na sequência de gêmeos; relaciona-se também com o termo fongé "dohoun", que significa "parecido com", "semelhante ou igual a".

Características

Animais: de estimação.

Bebidas: água com açúcar, água com mel, água de coco, caldo de cana, refrigerante, suco de frutas.

Chacras: todos, em especial o laríngeo.

Cores: rosa e azul (branco, colorido).

Comemoração: 27 de setembro.

Comidas: caruru, doces e frutas.

Contas: azuis, brancas, rosa.

Corpo humano e saúde: acidentes, alergias, anginas, problemas de nariz, raquitismo.

Dia da semana: domingo.

Elemento: fogo.

Elementos incompatíveis: assovio, coisas de Exu, morte.

Ervas: alecrim, jasmim, rosa.

Essências: de frutas.

Flores: margarida, rosa mariquinha.
Metal: estanho.
Pedra: quartzo rosa.
Planeta: Mercúrio.
Pontos da natureza/de força: cachoeiras, jardins, matas, praias e outros.
Saudação: Oni Ibejada! (Salve as crianças! ou Ele é dois!)
Símbolos: gêmeos
Sincretismo: São Cosme e São Damião, Santos Crispim e Crispiniano.

Sincretismo

SÃO COSME E SÃO DAMIÃO (27 de setembro) – Segundo a tradição, médicos gêmeos caridosos que foram decapitados após seus algozes não terem tido sucesso com lapidação e flechadas.

TEMPO

Também conhecido como Loko, e mesmo Iroko, Tempo é um Orixá originário de Iwere, na parte leste de Oyó (Nigéria). Sua importância é fundamental na compreensão da vida. Geralmente é associado a Iansã (e vice-versa), senhora dos ventos e das tempestades.

Segundo célebre provérbio, "O Tempo dá, o Tempo tira, o Tempo passa e a folha vira". O Tempo também é visto como o próprio céu, o espaço aberto.

Na Umbanda é associado principalmente a Iansã.

Sincretismo

SÃO LOURENÇO (10 de agosto) – Mártir do ano 258 morto queimado numa grelha. Segundo alguns autores, a associação entre Tempo e São Lourenço se dá pela semelhança entre a grelha e a escada utilizada para se colocar a bandeira de Tempo em terreiros Angola.

Logun-Edé

Filho de Oxum e Oxóssi, vive metade do ano na água (como mulher) e a outra metade no mato (como homem). Em seu aspecto feminino, usa saia cor-de-rosa e coroa de metal, assim como um espelho. Em seu aspecto masculino, capacete de metal, arco e flecha, capangas e espada. Veste sempre cores claras. Sua origem é ijexá (Nigéria).

Príncipe dos Orixás, combina a astúcia dos caçadores com a paciência dos pescadores. Seus pontos de força na natureza compreendem barrancas, beiras de rios, vapor fino sobre as lagoas que se espraia pela mata, nos dias quentes. Vivencia plenamente os dois reinos, o das águas e das matas.

Por seu traço infantil e hermafrodita, nunca se casou, preferindo a companhia de Euá, que, assim como Logun-Edé, vive solitária e nos extremos de mundos diferentes. Solidário, preocupa-se com os que nada têm, empático com seus sofrimentos, distribuindo para eles caça e riqueza.

Características

Animal: cavalo-marinho.

Bebida: as mesmas de Oxum e Oxóssi.

Cores: azul celeste com amarelo.

Comemoração: 19 de abril.

Comidas: as mesmas de Oxum e Oxóssi.

Contas: contas e miçangas de cristal azul celeste e amarelo.

Corpo humano e saúde: órgãos localizados na cabeça e problemas respiratórios.

Elemento: água e terra.

Elementos incompatíveis: abacaxi, cabeça de bicho, cores vermelha ou marrom.

Ervas: as mesmas de Oxum e Oxóssi.

Essências: as mesmas de Oxum e Oxóssi.

Flores: as mesmas de Oxum e Oxóssi.

Metais: latão e ouro.

Pedras: turquesa, topázio.

Pontos da natureza: margens dos rios nas matas.

Saudação: Lossi lossi! (Jovem dos rios!)

Símbolos: abebê (espelho) e ofá (arco e flecha).

Sincretismo: Santo Expedito.

Sincretismo

SANTO EXPEDITO (19 de abril) – Segundo a tradição, mártir do século IV ao qual se associam as causas urgentes. Há diversas hipóteses para que tenha sido conhecido post-mortem como "Expedito". Talvez o tenham associado a Logun-Edé pela vivacidade, juventude e energia do Orixá.

Ossaim

Orixá das plantas e das folhas, presentes em nas mais diversas manifestações do culto aos Orixás, é, portanto, fundamental. Célebre provérbio dos terreiros afirma "Ko si ewé, ko si Orisà", o que, em tradução livre do iorubá significa "Sem folhas não há Orixá". Em algumas casas é cultuado como iabá (Orixá feminino).

Alguns segmentos umbandistas trabalham com Ossaim, enquanto elemento masculino, e Ossanha, como elemento feminino.

Juntamente com Oxóssi, rege as florestas e é senhor dos segredos medicinais e magísticos do verde. Representa a sabedoria milenar pré-civilizatória, a relação simbiótica do homem com a natureza, em especial com o verde.

Seja na Umbanda (onde na maioria das casas seu culto foi amalgamado ao de Oxóssi e dos Caboclos e Caboclas), no Candomblé (onde a figura do Babalossaim e do Mão-de-Ofá representaria um estudo à parte) ou em outra forma de culto aos Orixás, o trato com as plantas e folhas é de extrema importância para a os rituais, a circulação de Axé e a saúde (física, psicológica e espiritual) de todos.

Características

Animais: pássaros.

Bebidas: sucos de frutas.

Cores: verde e branco.

Comemoração:

Comidas: abacate, banana frita, bolos de feijão e arroz, canjiquinha, milho cozido com amendoim torrado, inhame, pamonha, farofa de fubá.

Contas: contas e miçangas verdes e brancas.

Corpo humano e saúde: artrite, problemas ósseos, reumatismo.

Dia da semana: quinta-feira.

Elemento: terra.

Elementos incompatíveis: ventania, jiló.

Ervas: manacá, quebra-pedra, mamona, pitanga, jurubeba, coqueiro, café.

Flores: flores do campo.

Metais: estanho, latão.

Pedras: amazonita, esmeralda, morganita, turmalina verde e rosa.

Pontos da natureza: clareiras das matas.

Saudação: Eue ô! ou Ewe ô! (Salve as folhas!)

Símbolos: ferro com sete pontas, com um pássaro na ponta central (representação de uma árvore de sete ramos, com um pássaro pousado nela).

Sincretismo: São Benedito.

Sincretismo

SÃO BENEDITO (05 de outubro) – Negro italiano, nascido no século XVI, seus pais eram descendentes de escravos. Humilde, trabalhava na cozinha do mosteiro e era muito inteligente e sábio, conhecendo a mente e o coração humanos. Talvez por isso o tenham associado a Ossaim (sabedoria e sensibilidade curadoras) e pelo trabalho na cozinha (contato com ervas).

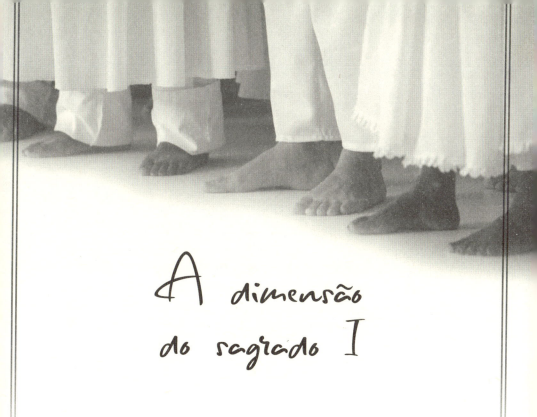

A dimensão do sagrado I

AS SETE LINHAS

Diversas tradições espirituais, religiosas e culturais consideram o número 7 sagrado, cabalístico, espiritual. Além disso, 7 são os períodos da vida, as cores do arco-íris, os dias da semana, as maravilhas do mundo (ao menos as da primeira listagem), os principais chacras etc.

A presença desse número é bastante grande na Umbanda, em especial quando se fala das Sete Linhas e de nomes de Guias e Guardiões, por exemplo.

LINHAS MAIORES DE TRABALHO NA UMBANDA

Interessante notar que, ao longo do tempo, não foram as Linhas de Umbanda que mudaram, mas sim a compreensão a respeito das mesmas. Novos elementos são agregados à Umbanda, mais e mais, como por exemplo no caso da Linha do Oriente, uma vez que suas portas estão sempre abertas àqueles que, no Plano Espiritual, desejem nela trabalhar na Lei da Umbanda.

Como nada é rígido na Espiritualidade, nem sempre as representações e as correspondências de Guias e Guardiões (na Direita ou na Esquerda) serão necessariamente as mesmas para cada pessoa ou terreiro.

1925
No livro "Ensaios sobre Umbanda", Leal de Souza elenca as Sete Linhas abaixo.

1	Oxalá
2	Ogum
3	Oxóssi
4	Xangô
5	Iansã
6	Iemanjá
7	Almas

1941
1º Congresso de Espiritismo de Umbanda
Em "Introdução ao Estudo da Linha Branca de Umbanda", a Cabana de Pai Thomé do Senhor do Bonfim confirma o trabalho de Leal de Souza.

1º grau de iniciação	Almas
2º grau de iniciação	Xangô
3º grau de iniciação	Ogum
4º grau de iniciação	Iansã
5º grau de iniciação	Oxóssi
6º grau de iniciação	Iemanjá
7º grau de iniciação	Oxalá

1952

O Primado de Umbanda apresenta os Sete Seres Espirituais responsáveis pela Luz Espiritual emanada do próprio Deus (Supremo Espírito), o primeiro elo entre Deus e as outras Hierarquias Espirituais. Em nosso sistema solar, os chamados Orixás Maiores regem as Sete Linhas da Umbanda.

1	Orixalá
2	Ogum
3	Oxóssi
4	Xangô
5	Yorimá (Iofá, Obaluaê)
6	Yori (Ibeji – Erês – Crianças)
7	Iemanjá

1956

No Livro "Umbanda de Todos Nós", W. W. da Mata e Silva apresenta as Sete Linhas de Umbanda, observando a tríade Caboclo, Preto-Velho e Criança, roupagens fluídicas com as quais apresentam-se os Espíritos trabalhadores da Umbanda.

1. Luz do Senhor Deus, Princípio Incriado, Verbo.	Orixalá
2. Princípio Duplo Gerante, Espírito Feminino, Fecundação.	Iemanjá
3. Potência Divina Manifestada, Princípio em ação na própria humanidade.	Yori (Crianças)
4. Senhor das Almas, Senhor do Fogo Etéreo, Lei Cármica (causa e efeito).	Xangô
5. Fogo da Salvação, Fogo da Glória, Demandas da Fé.	Ogum
6. Ação Circular sobre os viventes na Terra, Caçador das Almas	Oxóssi
7. Princípio Real da Lei, Mestrado nos Ensinamentos da Lei de Umbanda.	Yorimá (Pretos-Velhos)

1964

No Livro "Okê Caboclo! – Mensagens do Caboclo Mirim", do fundador da Tenda Espírita Mirim, Benjamim Figueiredo, os Orixás se dividem em Menores e Maiores, sendo estes últimos os regentes das Sete Linhas.

1. Expressão da Inteligência	Oxalá
2. Expressão do Amor	Iemanjá
3. Expressão da Ciência	Xangô Caô
4. Expressão da Lógica	Oxóssi
5. Expressão da Justiça	Xangô Agodô
6. Expressão da Ação	Ogum
7. Expressão da Filosofia	Iofá

2003
Rubens Saraceni
Livro "Sete Linhas de Umbanda – A Religião dos Mistérios"

1. Essência Cristalina – Fé	Oxalá
2. Essência Mineral – Amor	Oxum
3. Essência Vegetal – Conhecimento	Oxóssi
4. Essência Ígnea – Justiça	Xangô
5. Essência Aérea – Lei	Ogum
6. Essência Telúrica – Evolução	Obaluaê
7. Essência Aquática – Geração/Vida	Iemanjá

2009	
Lurdes de C. Vieira (coordenação)	
Livro "Manual Doutrinário, Ritualístico e Comportamental Umbandista"	
Oxalá	Mistério da Fé – qualidade congregadora
Ogum	Mistério da Ordenação – onipotência
Oxóssi	Mistério do Conhecimento – onisciência
Xangô	Mistério da Justiça
Oxum	Mistério do Amor – concepção
Obá	Mistério do Conhecimento – concentração
Iansã	Mistério da Lei – direção
Oxumaré	Mistério do Amor – renovação
Obaluaê	Mistério da Evolução
Omulu	Mistério da Vida – estabilização
Nanã	Mistério da Evolução – racionalização
Oiá Tempo	Mistério da Religiosidade
Egunitá	Egunitá – Mistério da Justiça – purificação
Exu	Qualidade vitalizadora de Olorum (Deus, Zâmbi)
Pomba-gira	Qualidade estabilizadora

2010	
Janaina Azevedo Corral	
Livro "As Sete Linhas da Umbanda"	
1	Linha de Oxalá
2	Linha das Águas
3	Linha dos Ancestrais (Yori e Yorimá)
4	Linha de Ogum
5	Linha de Oxóssi
6	Linha de Xangô
7	Linha do Oriente

As Sete Linhas na forma em que são mais conhecidas e/ou mais se manifestam nos terreiros de Umbanda.	
1	Oxalá
2	Iemanjá
3	Xangô
4	Ogum
5	Oxóssi
6	Yori
7	Yorimá

Oxalá

Vibração que coordena as demais, a Linha de Oxalá e a que representa o reflexo de Deus. As entidades dessa linha costumam falar calmamente. Seus pontos cantados possuem grande aspecto místico. Raramente assumem chefia de cabeça.

Sete chefes de legião da vibração espiritual de Oxalá	
Caboclo Urubatão da Guia	Representante da vibração espiritual
Caboclo Guaracy	Intermediário para Ogum
Caboclo Guarani	Intermediário para Oxóssi
Caboclo Aimoré	Intermediário para Xangô
Caboclo Tupi	Intermediário para Yorimá
Caboclo Ubiratan	Intermediário para Yori
Caboclo Ubirajara	Intermediário para Iemanjá

Iemanjá

Também conhecida como Linha d´Água ou Povo d´Água. Representa o feminino, a maternidade, a energia geradora. As entidades dessa linha apreciam trabalhar com água, inclusive do mar ou salgada, fixando vibrações, de maneira serena. Na Umbanda, Oxum, Iansã e Nanã, assim como as demais iabás (Orixás femininos/Santas) pertencem a essa Linha.

Sete chefes de legião da vibração espiritual de Iemanjá	
Cabocla Iara	Representante da vibração espiritual
Cabocla Estrela do Mar	Intermediário para Oxalá
Cabocla Indaiá	Intermediário para Oxóssi
Cabocla do Mar	Intermediário para Ogum
Cabocla Iansã	Intermediário para Xangô
Cabocla Nanã Buruquê	Intermediário para Yorimá
Cabocla Oxum	Intermediário para Yori

Xangô

Os pontos cantados dessa Linha nos remetem aos pontos de força do Orixá Xangô: pedreiras, cachoeiras, montanhas. Justiça, lei cármica (ação e reação), avaliação do estado espiritual são alguns dos aspectos atrelados a Xangô e a essa Linha.

Sete chefes de legião da vibração espiritual de Xangô	
Xangô Caô	Representante da vibração espiritual
Xangô Pedra Branca	Intermediário para Oxalá
Xangô Agodô	Intermediário para Oxóssi
Xangô Sete Montanhas	Intermediário para Ogum
Xangô Sete Cachoeiras	Intermediário para Yori
Xangô Pedra Preta	Intermediário para Yorimá
Xangô Sete Pedreiras	Intermediário para Iemanjá

OGUM

Ogum protege as batalhas da vida, toma a frente das demandas da fé e de tudo o que nos aflige. É a Linha do guerreiro místico, espiritual. Os pontos cantados e as preces relacionadas a essa Linha evocam as lutas, as batalhas, a determinação.

Orixá mediador dos choques cármicos, Ogum rege caboclos que andam de um lado para o outro, enérgicos, vivazes, que falam de maneira vibrante e decidida.

Sete chefes de legião da vibração espiritual de Ogum	
Ogum Dilê	Representante da vibração espiritual
Ogum Matinata	Intermediário para Oxalá
Ogum Rompe-Mato	Intermediário para Oxóssi
Ogum Beira-Mar	Intermediário para Xangô
Ogum de Malê	Intermediário para Yorimá
Ogum Megê	Intermediário para Yori
Ogum Iara	Intermediário para Iemanjá

Oxóssi

Fala, passes, trabalhos e conselhos: tudo é sereno, seguro e forte nas entidades regidas por Oxóssi, o Caçador das Almas. Seus pontos cantados evocam a natureza e sua espiritualidade, notadamente a das matas.

Sete chefes de legião da vibração espiritual de Oxóssi	
Caboclo Arranca-Toco	Representante da vibração espiritual
Caboclo Arariboia	Intermediário para Ogum
Caboclo Arruda	Intermediário para Oxalá
Caboclo Cobra Coral	Intermediário para Xangô
Caboclo Tupinambá	Intermediário para Yorimá
Cabocla Jurema	Intermediário para Yori
Caboclo Pena Branca	Intermediário para Iemanjá

Yori

Espíritos evoluídos que se manifestam como crianças, serenas ou um pouco vivazes compõem a Linha de Yori. A maioria gosta de se sentar ao chão, outros de andar de lá para cá. Apreciam bastante os doces. Seus pontos cantados ora são alegres, ora tristes, com constantes evocações ao Papai e à Mamãe do Céu.

As crianças ensinam ao mais sisudo dos médiuns e/ou aos irmãos da assistência a importância da alegria, da leveza, do lúdico, do despertar e dos cuidados para com a criança interior. Além disso nos lembram o respeito às crianças encarnadas, conforme o conselho do próprio Mestre Jesus, quando pede que deixem as crianças chegar até Ele.

Nas giras de alguns templos dão consulta. Em outras, interagem, conversam, benzem e cruzam os presentes. Sempre alegram e purificam o ambiente.

Em suas festas, em algumas casas, por influência dos Cultos de Nação, é servido caruru, o qual é servido primeiro aos espíritos da Linha de Yori, depois às crianças encarnadas presentes, sendo que todos devem comer com as mãos. Depois o caruru é servido aos adultos, que comem com talheres ou, se preferirem, também com as mãos.

Sete chefes de legião da vibração espiritual de Yori	
Tupãzinho	Representante da vibração espiritual
Ori	Intermediário para Oxalá
Damião	Intermediário para Oxóssi
Yari	Intermediário para Ogum
Doum	Intermediário para Xangô
Cosme	Intermediário para Yorimá
Yariri	Intermediário para Iemanjá

Yorimá

Na Linha de Yorimá ou Linha das Almas, Magos da Luz, por meio de suas mirongas, trazem luz, amparo, conforto a todos. Apreciam trabalhar com diversos elementos, dentre eles fumo e fumaça, fixando bons fluidos e eliminando os maléficos.

Eficazes auxiliares de outros guias, raramente assumem a chefia de cabeça.

As atitudes, as palavras, os conselhos dos Pretos-Velhos, pais e vovôs amorosos, bem como seus pontos cantados, nos convidam à humildade, ao perdão, ao autoperdão e a assumir novas posturas diante da vida.

Sete chefes de legião da vibração espiritual de Yorimá	
Pai Guiné	Representante da vibração espiritual
Pai Tomé	Intermediário para Oxalá
Pai Joaquim	Intermediário para Oxóssi
Pai Benedito	Intermediário para Ogum
Vovó Maria Conga	Intermediário para Xangô
Pai Congo d´Aruanda	Intermediário para Yori
Pai Arruda	Intermediário para Iemanjá

Baianos

Os Baianos trabalham sob a irradiação de diversos Orixás e, evidentemente, nem todos são realmente baianos ou nordestinos (alguns, por exemplo, podem ter sido babalorixás de origem diversa, identificando-se, portanto com o culto aos Orixás).

Alegres, brincalhões, adoram festas e apreciam desmanchar trabalhos de magia deletéria, sendo bons conselheiros e orientadores. Gostam muito de dançar, o que, além de ser uma descontraída manifestação de alegria, é também uma maneira dirigida de manipulação de energia. Alguns são genuinamente quimbandeiros, identificando-se, portanto, com os Exus e as Pomba-giras, trabalhando na Esquerda. Também se apresentam, muitas vezes, em giras de Caboclos e Pretos-Velhos.

Irreverentes e batalhadores representam, ainda, o arquétipo do migrante nordestino a enfrentar o cotidiano com determinação. Procuram esclarecer espíritos de vibração deletéria, contudo, quando isso não é possível, costumam "amarrá-los", isto é, isolá-los energeticamente, até o dia em que estejam abertos a conselhos e realmente queiram ser ajudados.

Algumas características dos Baianos	
Apresentação	Chapéu de palha ou de couro, roupa de couro, sotaque e vocabulário tipicamente nordestinos.
Atuação	Dão passes e desmancham trabalhos de magia deletéria. Alguns benzem com água e/ou dendê. Trabalham com fortes orações e rezas.
Bebidas	Água de coco, batida de coco, cachaça.
Comidas	Cocada, coco, farofa com carne seca.
Cores	Laranja ou aquela definida pela própria entidade.
Fumo	Cigarro de palha.
Nomes	Chiquinho Cangaceiro, Gentilero, Mané Baiano, Maria do Alto do Morro, Maria do Balaio, Maria Baiana, Maria Bonita, Maria dos Remédios, Sete Ponteiros, Severino, Zé do Berimbau, Zé do Coco, Zé Pelintra, Zé do Prado, Zé do Trilho Verde e outros.

CANGAÇO

Por vezes confundida com a Linha da Bahia, agrega espíritos de antigos cangaceiros ou afins que hoje usam seus conhecimentos para proteção, limpeza, defesa e outros. Alguns de seus nomes: Maria Bonita, Corisco, Zóio Furado etc.

MALANDROS

Costumam trabalhar para diversos assuntos, no desmanche de magias deletérias, na abertura de caminhos, em curas.

A capacidade espiritual elevada e a flexibilidade talvez sejam mais bem representadas por Zé Pelintra (ou Zé Pilintra), que se apresenta, por exemplo, no Catimbó e, na Umbanda, nas giras de Malandros, na Linha das Almas, entre os Baianos e, embora não seja propriamente Exus, na Esquerda (Como diz um célebre ponto, "na direita ou na esquerda/seu serviço é aprovado".). Dentre as Malandras, uma das mais célebres é Maria Navalha.

Brincalhões, gostam de dançar, de festas e vestem-se com aprumo, em especial com terno branco, sapato branco ou branco e vermelho, chapéu branco com fita vermelha ou chapéu de palha, gravata vermelha e bengala. Fumam cigarros, cigarrilhas ou charutos, bebem batidas, conhaque, uísque, cerveja e outros. Suas guias variam, podendo ser, por exemplo, vermelhas e brancas, vermelhas e pretas, brancas e pretas, de coquinho com olho-de-exu etc. Seus pontos de força são morros, cemitérios, encruzilhadas e outros. Nas portas de terreiro por vezes há uma imagem de Malandro, pois costumam tomar conta de entradas, portas e similares. Pela Lei de Evolução, os Malandros podem vir a se tornar Exus, continuando seu trabalho de assistência e proteção.

Trata-se de espíritos que geralmente, em vida, se envolveram com jogos, boemia, prostituição e outros, trabalhando para a Luz, utilizam-se da malandragem sadia para driblar situações negativas, sempre respeitando o livre-arbítrio, ensinando a todos a não a puxar o tapete de alguém, mas a ficar esperto para não deixar que ninguém puxe o seu.

O Zé Pelintra histórico, arquétipo maior dos Malandros, é identificado com a figura de José dos Anjos, nascido no interior de Pernambuco, negro forte que adorava jogar, beber, brigar e era mulherengo. Era especialmente bondoso com as mulheres. Levava o jogo a sério, mas não enganava os ingênuos, chegando a dispensá-los dos jogos. Quanto aos que se pretendiam espertos, enganava-os nos dados e nas cartas, buscando sempre levar a melhor, enquanto bebia prazerosamente. Teve morte misteriosa, atribuída por muitos a uma de suas amantes, que teria sido responsável por seu envenenamento.

Camisa Listrada, Malandrinho, Maria do Cais, Maria Navalha, Sete Navalhadas, Zé do Coco, Zé de Légua, Zé da Luz, Zé Malandro, Zé Moreno, Zé Pelintra, Zé Pereira, Zé Pretinho.

Boiadeiros

Também conhecidos como Caboclos Boiadeiros em determinados segmentos umbandistas. Segundo alguns umbandistas, já foram Exus e transitaram de faixa vibratória (nos Candomblés onde se manifestam Boiadeiros, geralmente fazem funções protetoras das quais os Exus se encarregam na Umbanda). Protetores, utilizam-se do laço e do chicote como armas espirituais contra as investidas de espíritos de vibrações deletérias. Conduzem os espíritos para seu destino e resgatam aqueles que se perderam da Luz.

Certamente muitos desses espíritos, quando encarnados (homens e mulheres), lidaram com o gado, em fazendas, comitivas e outros: vaqueiros, tocadores de viola, laçadores etc. Trabalham para diversos fins, com velas, pontos riscados e rezas fortes. Sua dança é rápida e ágil. Preferem bebidas fortes, como cachaça com mel (meladinha), vinho tinto, mas também bebem cerveja. Seu dia votivo é quinta-feira. Seu prato preferido é carne bovina com feijão tropeiro; também apreciam abóbora com farofa de torresmo. Em oferendas, usam-se também fumo de rolo e cigarro de palha.

Quanto às vestimentas e identificações, costumam solicitar panos para cobrir a região dos seios das médiuns, valem-se de chapéus de couro, laços, bombachas e até berrantes. Sua saudação e seu brado costumam ser Jetruá!, Xetro Marrumba Xetro! e/ou Minaketo Navizala!: Salve o que tem braço (pulso) forte!

Alguns Boiadeiros: Boiadeiro do Chapadão, Boiadeiro Chapéu de Couro, Boiadeiro de Imbaúba, Boiadeiro do Ingá, Boiadeiro da Jurema, Boiadeiro Juremá, Boiadeiro do Lajedo, Boiadeiro Navizala, Boiadeiro do Rio, Carreiro, João Boiadeiro, João do Laço, Zé do Laço, Zé Mineiro.

Marinheiros

Os marinheiros apreciam o álcool, o qual deve ser servido com parcimônia, com o intuito de regular o magnetismo desses espíritos, que, dessa maneira, se equilibram melhor em e com seus médiuns. Locomovem-se para frente e para trás em virtude do magnetismo aquático.

Alegres, brincalhões, amigáveis, identificam-se com a vida no mar, à qual estavam ligados quando encarnados (homens ou mulheres) como marujos, capitães, piratas, pescadores e outros. Atuam principalmente no desmanche de demandas, em casos de doença e no descarrego de ambientes onde ocorrem trabalhos espirituais. Literalmente lavam e purificam. Também dão consultas e passes. Toda a energia deletéria é encaminhada para o fundo do mar.

A origem dessa Linha, sem dúvida, é Iemanjá, contudo os Marinheiros trabalham sob a irradiação de diversos Orixás. Chefiados por Tarimá, costumam andar em grupo. Alguns marinheiros: Chico do Mar, Maria do Cais, Seu Gererê, Seu Iriande, Seu Marinheiro Japonês, Seu Martim Pescador.

Saudação: É da Marinha! ou É do Mar!

CIGANOS

Os ciganos formam Linha bastante antiga de trabalhos na Umbanda, por vezes apresenta-se na Linha do Oriente e com ela se confunde. Atuam em diversas áreas, em especial no tocante à saúde, do amor e do conhecimento, com tratamento e características diferentes das de outras correntes, falanges e linhas. Assim como Povo Cigano, quando encarnado, possui origem antiga e pulverizada em diásporas e pelo nomadismo, o Povo Cigano do Astral assenta-se nos mais diversos terreiros de Umbanda cada qual poderá trabalhar e evoluir. Na Espiritualidade os ciganos não estão mais afeitos a tradições fechadas (ciganos apenas casando-se entre eles) e patriarcais terrenas (a mulher sem filhos biológicos praticamente perdendo seu valor perante o marido, a família e a comunidade), podendo atuar com mais liberdade, daí afinarem-se com a Umbanda, conhecida pelo sincretismo e por abrir as portas para diversas linhas espirituais.

Alegres e experientes, trabalham utilizando-se de seus conhecimentos magísticos, tanto na Direita quanto na Esquerda. Se existem Exus e Pombogiras ciganos, há também ciganos que, por afinidade e/ou por não encontrar outros caminhos numa casa, trabalham na Linha da Esquerda.

Amparados pela vibração oriental, trajam vestes e adereços característicos, valendo-se de cartas, runas, bolas de cristal, Numerologia e outros expedientes que lhe são familiares. Apreciam também trabalhar com cores (cada cigano tem sua cor de vibração e de velas, embora possa se valer de diversas cores, em virtude dos vastos conhecimentos que possuem) e com incensos. Utilizam-se, ainda, de pedras, bebidas, punhais, lenços e outros elementos para Magia Branca.

Embora haja orações e simpatias e feitiços ciganos espalhados em profusão em livros, revistas, sítios na internet e outros, vale lembrar que a Umbanda, seja na Direita ou na Esquerda, jamais trabalha com qualquer elemento que venha a ferir o livre-arbítrio de alguém.

Em muitas casas, Linha do Oriente e Linha Cigana se confundem; em outras, trabalham separadamente (há casas em que aparece apenas a Linha Cigana); existe, ainda, a leitura de que a Linha Cigana seria uma espécie de divisão/falange da Linha do Oriente.

Santa Sara

Padroeira do Povo Cigano. Reza a tradição, numa das lendas de Santa Sara, que, para fugir das perseguições de Herodes Agripa, alguns discípulos de Jesus foram colocados numa barca sem velas ou remos ou o mínimo de provisões. Dentre os discípulos estavam Maria Salomé, mãe de Tiago Maior e João, e Maria Jacobé, Irmã ou prima de Maria, mãe de Jesus, juntamente com a serva Sara. Em 44 ou 45 d.C. a embarcação teria chegado a Camargue, na França. Maria Jacobé, Maria Salomé e Sara permanecessem na mesma região, enquanto os demais discípulos se dispersaram pela Gália como evangelizadores.

Segundo outras versões, Sara vivia às margens do Mediterrâneo e foi acolhida pelas outras mulheres, tornando-se, posteriormente, cristã, serva e acompanhante de Maria Jacobé e Maria Salomé. Outras fontes, ainda, caracterizam Sara como abadessa ou freira de um convento líbio, rainha egípcia que teria acolhido os evangelizadores, ou mesmo descendente dos atlantes.

Para os ciganos, a Virgem Sara é chamada também de Kali (o que significa "negra"; também nome de uma deusa negra indiana, relacionada à morte).

Oração popular

Minha doce Santa Sara Kali, tu que és a única santa cigana do mundo, tu que sofreste todas as formas de humilhação e preconceito, tu que foste amedrontada e jogada ao mar para que morresses de sede e de fome. Tu que sabes o que é o medo, a fome, a mágoa e a dor no coração. Não permitas que meus inimigos zombem de mim ou me maltratem. Que tu sejas minha advogada perante Deus, que tu me concedas sorte, saúde, paz e que abençoe a minha vida.

Amém.

Oriente

Linha bastante genérica, sempre aberta às entidades ancestrais as mais diversas, isto é, a espíritos os mais variados que com ela se afine, agrupando-se de acordo com distintas tradições, traços culturais etc.

Além de muitas vezes incluir o Povo Cigano, muitas casas não reconhecem a Linha do Oriente, "distribuindo" os Guias e as Entidades nas Linhas de Pretos-Velhos ou Caboclos.

Em linhas gerais, sua ritualística é diversa, os Guias não trabalham com bebidas alcoólicas (no caso dos Ciganos, sim), usam roupas coloridas e metais nobres (ouro, prata e bronze). Podem ainda não utilizar atabaques, mas instrumentos como harpa ou cítara. Suas oferendas também são específicas.

A dimensão do sagrado I | **115**

Algumas Legiões da Linha do Oriente	
Legiões	**Exemplos de Guias e/ou desdobramentos**
Legião dos Indianos	Ramatís Caboclo Pena de Pavão Caboclo Sultão das Matas Caboclo Sete Mares
Legião dos Árabes, Persas, Turcos e Hebreus	Cacique Jacó Caboclo das Sete Encruzilhadas Caboclo Orixá Malê Caboclo Akuan (Abdul) Caboclo Tupaíba
Legião dos Chineses, Tibetanos, Japoneses e Mongóis	Tibiri, o Japonês
Legião dos Egípcios	
Legião dos Maias, Toltecas, Astecas, Incas e Caraíbas	
Legião dos Europeus	Falange dos Portugueses Falange dos Cruzados Falange dos Templários Falange dos Romanos
Legião dos Médicos, Sábios e Xamãs	Falange dos Santos Curadores Falange dos Médicos Ocidentais Falange dos Terapeutas Orientais Falange dos Rezadores Falange dos Cabalistas e Alquimistas Falange dos Raizeiros Falange dos Xamãs

MENTORES DE CURA (LINHA DE CURA)

Os mentores de cura trabalham de diversas maneiras (os métodos mais comuns são descritos abaixo). A fim de que seu trabalho seja bastante aproveitado, é necessário preparo e dedicação do médium, além da observação, por parte do paciente, de prescrições específicas (roupas, abstenções temporárias, repouso e outros).

Vale lembrar que, do ponto de vista holístico, o conceito de cura é amplo e depende de vários fatores (padrão de pensamento, reforma íntima, programação espiritual – a qual, evidentemente, pode ser revista, de acordo com a vivência cotidiana de cada um –, merecimento e outros). Nesse sentido, muitas vezes, obter a cura significa conseguir paz, equilíbrio e diminuição das dores para um desencarne sereno.

Métodos de trabalho mais conhecidos	
Cirurgia espiritual	Estando o mentor espiritual incorporado no médium, poderá ou não se valer de meios cirúrgicos elementares (cortes, punções, raspagens e outros). Envolve a manipulação do corpo físico por meio das mãos do médium.
Cirurgia perispiritual	Realizada diretamente no perispírito do paciente, em data e horário previamente determinados, pode ou não contar com a colaboração de um médium presente.
Cromoterapia	Atuando no corpo físico e no duplo etérico, em especial para males de origem emocional, é indicada pelos mentores de cura e deve ser aplicada por médiuns que conheçam a técnica.
Fuidoterapia	Atuando no corpo físico e no perispírito, deve ser aplicada por médiuns que conheçam a técnica. Indicada pelos mentores espirituais.
Homeopatia	Indicada pelos mentores espirituais, a Homeopatia está disponível em qualquer farmácia especializada de deve ser consumida conforme a indicação.
Reiki	Bastante utilizado para combater males de origem emocional e psíquica, deve ser aplicado por médium sintonizado (iniciado na técnica).
Visita espiritual	Realizada por equipe espiritual, em data e horário previamente estipulados. Nas visitas são aplicados passes, feitas orações e realizados, ainda, outros procedimentos.
Outros	Acupuntura, aromaterapia, chás, cristaloterapia, florais de Bach, Do-in etc.

Interação com os médiuns	
Incorporação	Sutil e geralmente consciente. Em muitos casos, o mentor se vale da fala, assumindo o controle motor quando necessário.
Intuição	Muito importante o equilíbrio e o desenvolvimento do médium, a fim de não haver distorção das orientações dos mentores (tratamentos, providências e outros).
Psicografia	Assemelha-se a toda e qualquer psicografia, entretanto os mentores costumam ditar receitas de tratamentos e medicamentos, alguns deles da própria Medicina dita Alopática.

Equipes espirituais	
Apoio	Auxiliam no levantamento do histórico dos pacientes e os inspiram a mudanças de hábitos e atitudes, a fim de que os tratamentos, remédios e demais terapêuticas sejam plenamente aproveitados.
Cirúrgicas	À semelhança das equipes cirúrgicas terrenas, possuem cirurgiões, assistentes, anestesistas etc. Diferem, contudo, a aparelhagem e a tecnologia disponíveis. Contribuem também com passes e aplicação de energias associados às intervenções cirúrgicas.
Oração	Equilibram o mental e o emocional do paciente, dos que o auxiliam e do ambiente, aumentando as boas energias. Essas equipes podem ser formadas por espíritos que, quando encarnados, foram religiosos e, portanto, acostumados às preces.
Passes	Antes, durante e depois das sessões, encarregam-se de aplicar passes em pacientes e médiuns, em especial nas sessões de cura e nas visitas espirituais.
Proteção	Nos tratamentos, visitas etc., protegem os pacientes da ação de espíritos com vibrações deletérias, geralmente causadores das doenças e desequilíbrios desses pacientes.

Tipos de Males	
Males cármicos	Doenças geralmente incuráveis (fatais ou não). Toda forma de tratamento, visa, portanto, a dar alívio, conforto e força ao paciente.
Males espirituais	Causados por obsessores, vampirizadores e outros espíritos, reverberam no corpo físico em forma de doenças.
Males físicos	Geralmente provocados por vícios, maus hábitos, má alimentação e outros fatores do cotidiano. Contudo, os males físicos estão atrelados aos demais, uma vez que representam a concretização/a última etapa da manifestação de outros males (espirituais, cármicos e mentais).
Males mentais	Depressão, angústia, apatia e outros. Se em muitos casos a ação é de obsessores, vampirizadores e outros espíritos afins, a maior parte origina-se da atitude mental dos pacientes (crenças cristalizadas, medos, culpa etc.). Os males mentais podem corporificar-se em forma de úlcera, hipertensão, câncer e uma extensa lista de doenças.

A dimensão do sagrado II

Esquerda

Na Umbanda, em vez de se cultuar diretamente o Orixá Exu, é mais comum o culto aos Exus e às Pombogiras, trabalhadores da chamada Esquerda, oposto complementar da Direita. Ao longo da História, o conceito de esquerdo/esquerda foi de exclusão e incompreensão. Alguns exemplos: pessoas canhotas vistas sob suspeitas aos olhos de parte do clero e da população da Idade Média; em francês, esquerdo/esquerda é *gauche*, que também significa atrapalhado, destoante; em italiano, esquerdo/esquerda é *sinistro/sinistra*, o que nos lembra algo obscuro.

Incompreendidos e temidos, Exus e Pombogiras vítimas da ingratidão e da intolerância, não apenas de religiões que não dialogam e discriminam a Umbanda e o Candomblé, mas, infelizmente nessas próprias religiões: há mais-velhos do Candomblé que ainda chama Exus de "escravos" ou "diabos", enquanto alguns umbandistas afirmam "não quererem nada com Exu".

Em linhas gerais, costuma-se, por exemplo, valorizar o médico, e não o lixeiro. Contudo, ambos os profissionais são extremamente importantes para a manutenção da saúde de cada indivíduo e da coletividade. Em termos espirituais, a Esquerda faz o trabalho mais pesado de desmanches de demandas, de policiamento e proteção de templos (portanto, toda casa de oração tem os seus Exus), de limpeza energética, enfim. No anonimato, sob nomes genéricos e referentes à linha de atuação, aos Orixás para os quais trabalham, Exus e Pombogiras são médicos, conselheiros, psicólogos, protetores, exercendo múltiplas funções que podem ser resumidas numa palavra: Guardiões.

Se em pinturas mediúnicas, Exus e Pombogiras apresentam-se com imagens e fisionomias "normais", por que as estatuetas que os representam parecem, aos olhos do senso comum, associá-los ainda mais ao Diabo cristão? Por três razões básicas:

a) Os símbolos de Exu pertencem a uma cultura diversa do universo cristão. Nela, por exemplo, a sexualidade não se associa ao pecado e, portanto, símbolos fálicos são mais evidentes, ligados tanto ao prazer quanto à fertilidade, enquanto o tridente representa os caminhos, e não algo infernal. O mesmo pode-se dizer, por exemplo, do dragão presente nas imagens de São Miguel e São Jorge: enquanto no Ocidente cristão representa o mal, em várias culturas do Oriente o dragão é símbolo de fogo e força espirituais.

b) A área de atuação de Exus e Pombogiras solicita elementos tais quais os utilizados por eles (capas, bastões etc.) ou que os simbolizam (caveiras, fogo etc.), vibrações cromáticas específicas (vermelho e preto) e outros.

c) Do ponto de vista histórico e cultural, quando as comunidades que cultuavam Orixás perceberam, além da segregação, o temor daqueles que os discriminavam, assumiram conscientemente a relação entre Exu e o Diabo cristão, assim representando-o, como mecanismo de afastar de seus locais de encontro e liturgia todo aquele que pudesse prejudicar suas manifestações religiosas. Nesse sentido, muitos dos nomes e pontos cantados de Exu, do ponto de vista espiritual (energias e funções) e cultural-histórico são "infernais".

De modo bem simples, Exus e Pombogiras podem ser definidos como agentes da Luz nas trevas (do erro, da ignorância, da culpa, da maldade etc.).

A Esquerda também é conhecida como Quimbanda, o que não dever ser confundido com Quiumbanda, isto é, trabalho de quiumbas, espíritos de vibrações deletérias, que não são os Exus e Pomba-giras trabalhadores da Umbanda e/ou Guardiões de outras tradições religiosas e/ou espirituais. Para diferenciá-los, muitos preferem chamar os Exus e as Pomba-giras de Umbanda de "Exus batizados".

Essa classificação compreende os seguintes níveis, nem sempre consensual entre os umbandistas: Exu Pagão (não sabe distinguir o Bem do Mal; contratado para alguma ação maléfica, se apanhado e punido, volta-se contra quem lhe encomendou e pagou o trabalho); Exu Batizado (diferenciam o Bem do Mal, praticam ambos conscientemente e estão a serviço das Entidades, evoluindo na prática do bem, contudo conservando suas forças de cobrança; para muitos, contudo, os Exus Batizados são aqueles que só trabalham para a Luz, agindo em nome dos Orixás e Guias). Exu Coroado (por mérito e evolução, podem apresentar-se como elementos da Direita).

Note-se que o vocábulo português "pagão", em sua origem, não tem a acepção negativa de "não-cristão", mas "aquele que vem do campo" (nesse contexto, a Wicca se denomina orgulhosamente religião pagã).

Evidentemente, a maioria das pessoas te dificuldade de entender um ponto cantado em que aparece o verso "ai como é grande a família do Diabo" ou compreender a simbologia de uma imagem de Pombogira. Por isso, alguns segmentos e templos umbandistas têm revisto a utilização desses pontos e mesmo de algumas imagens, consideradas vulgares.

Exu não seria o diabo por várias razões. De modo geral, em África pré-colonial, não existia uma figura personificando o mal absoluto. O mesmo vale para o Candomblé. No caso da Umbanda, nos segmentos em que a influência católica é maior, pode-se notar o chamado inferno cristão e a figura do Diabo, o que não acontece quando a influência do Espiritismo é maior. Contudo, em nenhum dos casos, Exu é o diabo.

Evidentemente há cruzamentos, confusões e nuanças semânticas. Quimbanda e Quiumbanda são confundidas; em alguns terreiros de Candomblé os Exus são chamados de diabos e escravos; em algumas casas de Umbanda, quiumbas são chamados de exus e aluvaiás (Aluvaiá, como visto acima, é um Inquice correspondente ao Exu iorubá); Lúcifer aparece como o anjo caído, mas também como Exu, dando-se o mesmo com Belzebu (divindade cananeia: conforme a Bíblia de Jerusalém, "a ortodoxia monoteísta acabou fazendo dele o 'príncipe dos demônios'"); o próprio vocábulo "demônio" nem sempre tem sua etimologia conhecida etc. Não se pretende aqui aprofundar todas as ocorrências e esgotar as possibilidades de interpretação e compreensão.

Contudo, existe algo muito simples e de profissão universal: a Umbanda, enquanto religião (religação com o Divino) JAMAIS pode se dedicar à prática do mal. Nesse sentido, vale a pena nos determos em duas ocorrências bibliográficas, analisando a questão com o devido respeito e a caridade do diálogo:

a) No livro "Pomba-gira: as duas faces da Umbanda" (4ª ed., Rio de Janeiro: Editora Eco, s/d), o autor, Antônio Alves Teixeira (Neto), não esclarece o que "Pomba-gira" faz no título do livro, dividido em duas partes: "A face má da Umbanda" e "A face boa da Umbanda". Sem que analisemos o conteúdo, a primeira parte apresenta problemas, a segunda, elementos positivos da Umbanda. A despeito do mistério do título, existe, em seu fundamento, "face má" na religião de Umbanda?

b) Em "Guerra dos Orixás" (3ª ed., Rio de Janeiro: Jorge Zahar, 2001), Yvonne Maggie dedica-se ao estudo de um terreiro de Umbanda, no ano de 1972. Vejamos alguns trechos:

> *EXU – Entidade que representa o bem e o mal. Algumas vezes é identificado com o diabo. (...). (p. 144)*

> *POMBA-GIRA – Feminino de exu. A pomba-gira representa uma mulher de vida fácil, "mulher de sete maridos", que faz o bem e o mal, diz palavrões e faz gestos obscenos. (...). (p. 150)*

> *(...) Os exus falavam palavrão e as pombas-giras faziam gestos obscenos, masturbando-se ou chamando os homens. (...). (p. 40)*

Mesmo que se alegue que o livro se refere a um templo (?) específico, o estudo carece de compreensão de fundamentos e de aprofundamento a respeito da Esquerda (e de outros temas, que ora não abordamos). Vale observar que se trata de edição revista.

Certamente a compreensão do papel, das funções e representações de Exus e Pombogiras serão mais bem compreendidos a partir de estudos comparativos a respeito dos Guardiões nas mais diversas culturas e religiões, trabalho já iniciado por vários autores.

EXUS

Quando encarnados, geralmente tiveram vida difícil, como boêmios, prostitutas e/ou dançarinas de cabaré (caso de muitas Pombogiras), em experiências de violência, agressão, ódio, vingança. Conforme dito acima, são agentes da Luz atuando nas trevas. Praticando a caridade, executam a Lei de forma ordenada, sob a regência dos chefes e em nome dos Orixás. Devem ser tratados com respeito e carinho, e não com temor, à maneira como se tratam amigos.

Guardiões não apenas durante as giras e as consultas e atendimentos que dão nas giras de Esquerda, são os senhores do plano negativo ("negativo" não possui nenhuma conotação moral ou de desvalor), responsabilizam-se pelos espíritos caídos, sendo, ainda, cobradores dos carmas. Combatem o mal e estabilizam o astral na escuridão. Cortam demanda, desfazem trabalhos de magia negra, auxiliam em descarregos e desobsessões, encaminham espíritos com vibrações deletérias para a Luz ou para ambientes específicos do Astral Inferior, a fim de ser reabilitarem e seguirem a senda da evolução.

Sua roupa geralmente é preta e vermelha, podendo usar capas, bengalas, chapéus e instrumentos como punhais. Como soldados e policiais do Astral, utilizam uniformes apropriados para batalhas, diligências e outros. Suas emanações, quando necessário, são pesadas e intimidam. Em outras circunstâncias, apresentam-se de maneira elegante. Em outras palavras, sua roupagem fluídica depende de vários fatores, como evolução, função, missão, ambiente etc.

A dimensão do sagrado II | **127**

Podem, ainda, assumir aspecto animalesco, grotesco, possuindo grande capacidade de alterar sua aparência.

Os Exus são alegres e brincalhões e, ao mesmo tempo, dão e exigem respeito. Honram sua palavra, buscam constantemente sua evolução. Guardiões, expõem-se a choques energéticos. Espíritos caridosos, trabalham principalmente em causas ligadas aos assuntos mais terrenos. Se aparentam dureza, franqueza e pouca emotividade, em outros momentos, conforme as circunstâncias, mostram-se amorosos e compassivos, afastando-se, porém, daqueles que visam a atrasar sua evolução. Suas gostosas gargalhadas não são apenas manifestações de alegria, mas também potentes mantras desagregadores de energias deletérias, emitidos com o intuito de equilibrar especialmente pessoas e ambientes.

Os Exus e Alguns Pontos de Vibração	
Cemitério	Geralmente trabalham para Obaluaê. Alguns operam em trabalhos, obrigações, descarregos, mas não dão consultas. Trabalham, quando em consulta, descarregando o consulente, sendo sérios e discretos.
Encruzilhada	Além de se apresentarem em trabalhos, obrigações e descarregos, gostam de dar consultas. Nem tão sérios quanto os Exus de cemitério, nem tão brincalhões quanto os Exus de estrada. Trabalham para diversos Orixás.
Estrada	Movimentam-se bastante, dão consultas, são brincalhões e apreciam uma boa gargalhada (o que não significa bagunça; sua descontração não rima com esculhambação).

É muito importante o consulente conhecer a casa que se frequenta, para que não se confunda Exu e Pombogira com quiumbas. Pela lei de ação e reação, pedidos e comprometimentos feitos visando ao mal e desrespeitando o livre-arbítrio serão cobrados. Quanto às casas, a fim de evitar consulentes desavisados, algumas optam por fazer giras de Esquerda fechadas, enquanto outras as fazem abertas, mas quase sempre com pequena preleção a respeito da Esquerda.

Saudação: Laroiê Exu (ou Pombogira), Exu (ou Pombogira) ê Mojubá!

EXU MIRIM E POMBOGIRA MIRIM

Os Exus e Pombogiras Mirins compõem a Linha da Esquerda, apresentando-se como crianças ou adolescentes. São extrovertidos, brincalhões e trabalham com funções análogas às de Exus e Pombogiras. Utilizam-se dos elementos comuns à Linha da Esquerda (cores, fumo, álcool etc.).

Segundo alguns segmentos umbandistas, nunca encarnaram, enquanto outros sustentam que, à maneira de Exus e Pombogiras, tiveram difícil vivência encarnatória e hoje se utilizam de de seus conhecimentos para promover a segurança, a proteção, o bem-estar.

POMBOGIRAS

O termo Pombogira é uma corruptela de Bombojira, que, em terreiros bantos, significa Exu, vocábulo que, por sua vez, deriva do quicongo mpambu-a-nzila (em quimbundo, pambuanjila), com o significado de "encruzilhada". Trabalham com a o desejo, especialmente com o sexual, freando os exageros e deturpações sexuais dos seres humanos (encarnados ou desencarnados), direcionando-lhes a energia para aspectos construtivos. Algumas delas, em vida, estiveram ligadas a várias formas de desequilíbrio sexuais: pela Lei de Ação e Reação, praticando a caridade, evoluem e auxiliam outros seres à evolução.

Alegres, divertidas, simpáticas, conhecem a alma humana e suas intenções. Sensuais e equilibradas, descarregam pessoas e ambientes de energias viciadas. Gostam de dançar. Infelizmente, são bastante confundidas com quiumbas e consideradas responsáveis por amarrações de casais, separações e outros, quando, na verdade, seu trabalho é o de equilibrar as energias do desejo. Exemplo: quando alguém é viciado em sexo (desequilíbrio), podem encaminhar circunstâncias para que a pessoa tenha verdadeira overdose de sexo, de modo a esgotá-la e poder trabalhá-la para o reequilíbrio. Assim como os Exus de caráter masculino, as Pombogiras são agentes cármicos da Lei.

Geralmente o senso comum associa as Pombogiras a prostitutas. Se muitas delas estão resgatando débitos relacionados à sexualidade, isso ocorre, contudo, não apenas por promiscuidade e pelas consequências energéticas e de fatos decorrentes da mesma, mas também pela abstinência sexual ideológica e religiosamente imposta, caso de muitas mulheres que professaram votos celibatários, mas foram grandes agressoras de crianças, pessoas amarguradas praguejando contra mulheres com vida sexual ativa etc.

Suas cores geralmente são vermelho e preto. Alguns nomes: Maria Molambo, Sete-Saias, Maria Padilha, Pombogira do Cruzeiro, Pombogira Rosa Caveira etc.

LINHA DOS EXUS

Abaixo uma lista sintética a respeito da organização da Linha dos Exus, contudo, como em outras Linhas e Falanges, existem variações. Exu Marabô, por exemplo, geralmente se apresenta trabalhando sob as ordens de Oxóssi, mas também sob as de Xangô.

Os Sete Exus Chefes de Falange Vibração Espiritual de Oxalá	
Exu Sete Encruzilhadas	Comando negativo da linha
Exu Sete Chaves	Intermediário para Ogum
Exu Sete Capas	Intermediário para Oxóssi
Exu Sete Poeiras	Intermediário para Xangô
Exu Sete Cruzes	Intermediário para Yorimá
Exu Sete Ventanias	Intermediário para Yori
Exu Sete Pembas	Intermediário para Iemanjá

Os Sete Exus Chefes de Falange Vibração Espiritual de Iemanjá	
Pombogira Rainha	Comando negativo da linha
Exu Sete Nanguê	Intermediário para Ogum
Pomba-gira Maria Molambo	Intermediário para Oxóssi
Exu Sete Carangola	Intermediário para Xangô
Pombogira Maria Padilha	Intermediário para Yorimá
Exu Má-canjira	Intermediário para Yori
Exu Maré	Intermediário para Oxalá

Os Sete Exus Chefes de Falange Vibração Espiritual de Yori	
Exu Tiriri	Comando negativo da linha
Exu Toquinho	Intermediário para Ogum
Exu Mirim	Intermediário para Oxóssi
Exu Lalu	Intermediário para Xangô
Exu Ganga	Intermediário para Yorimá
Exu Veludinho	Intermediário para Oxalá
Exu Manguinho	Intermediário para Iemanjá

Os Sete Exus Chefes de Falange Vibração Espiritual de Xangô	
Exu Gira-mundo	Comando negativo da linha
Exu Meia-Noite	Intermediário para Ogum
Exu Mangueira	Intermediário para Oxóssi
Exu Pedreira	Intermediário para Oxalá
Exu Ventania	Intermediário para Yorimá
Exu Corcunda	Intermediário para Yori
Exu Calunga	Intermediário para Iemanjá

Os Sete Exus Chefes de Falange Vibração Espiritual de Ogum	
Exu Tranca-rua	Comando negativo da linha
Exu Tira-teimas	Intermediário para Oxalá
Exu Veludo	Intermediário para Oxóssi
Exu Tranca-gira	Intermediário para Xangô
Exu Porteira	Intermediário para Yorimá
Exu Limpa-trilhos	Intermediário para Yori
Exu Arranca-toco	Intermediário para Iemanjá

Os Sete Exus Chefes de Falange Vibração Espiritual de Oxóssi	
Exu Marabô	Comando negativo da linha
Exu Pemba	Intermediário para Ogum
Exu da Campina	Intermediário para Oxalá
Exu Capa Preta	Intermediário para Xangô
Exu das Matas	Intermediário para Yorimá
Exu Lonan	Intermediário para Yori
Exu Bauru	Intermediário para Iemanjá

Os Sete Exus Chefes de Falange Vibração Espiritual de Yorimá	
Exu Caveira	Comando negativo da linha
Exu do Lodo	Intermediário para Ogum
Exu Brasa	Intermediário para Oxóssi
Exu Come-fogo	Intermediário para Xangô
Exu Pinga-fogo	Intermediário para Oxalá
Exu Bará	Intermediário para Yori
Exu Alebá	Intermediário para Iemanjá

Quem diz que Exu é o diabo já vive no inferno.

Exu Veludo

Médium: Ademir Barbosa Júnior (Dermes)

A dimensão das faces/fases do sagrado

A Umbanda possui diversas linhas, todas de suma importância, contudo seu tripé (base) é formado pelos Caboclos, pelos Pretos Velhos e pelas Crianças.

CABOCLOS

Também conhecidos como Caboclos de Pena, formam verdadeiras aldeias e tribos no Astral, representados simbolicamente pela cidade da Jurema, pelo Humaitá e outros. Existem falanges e especialidades diversas, como as de caçadores, feiticeiros, justiceiros, agricultores, rezadores, parteiras e outras, sempre a serviço da Luz, na linha de Oxóssi e na vibração de diversos Orixás. A cor característica dos Caboclos é o verde leitoso, enquanto a das Caboclas é o verde transparente. Seu principal ponto de força são as matas.

Nessa roupagem e pelas múltiplas experiências que possuem (encarnações como cientistas, médicos, pesquisadores e outros), geralmente são escolhidos por Oxalá para serem os guias-chefe dos médiuns, representando o Orixá de cabeça do médium de Umbanda (em alguns casos, os Pretos-Velhos é que assumem tal função). Na maioria dos casos, portanto, os Caboclos vêm na irradiação do Orixá masculino da coroa do médium, enquanto as Caboclas, na irradiação do Orixá feminino da coroa mediúnica. Todavia, os Caboclos também podem vir na irradiação do próprio Orixá de quando estava encarnado, ou na do Povo do Oriente.

Atuam em diversas áreas e em várias tradições espirituais e/ou religiosas, como no chamado Espiritismo Kardecista ou de Mesa Branca.

Simples e determinados, infundem luz e energia em todos. Representam o conhecimento e a sabedoria que vêm da terra, da natureza, comumente desprezado pela civilização, a qual, paradoxalmente, parece redescobri-los. Também nos lembram a importância do elemento indígena em nossa cultura, a miscigenação de nosso povo e que a Umbanda sempre está de portas abertas para todo aquele, encarnado ou desencarnado, que a procurar.

Os brados dos Caboclos possuem grande força vibratória, além de representarem verdadeiras senhas de identificação entre eles, que ainda se cumprimentam e se abraçam enquanto emitem esses sons. Brados e assobios são verdadeiros mantras que ajudam na limpeza e no equilíbrio de ambientes, pessoas etc. O mesmo vale para o estalar de dedos, uma vez que as mãos possuem muitíssimos terminais nervosos: os estalos de dedos se dão sobre o chamado Monte de Vênus (porção mais gordinha da mão), descarregando energias deletérias e potencializando as energias positivas, de modo a promover o reequilíbrio.

Caboclos de Iansã	Trabalham para várias finalidades, mas especialmente para emprego e prosperidade, pelo fato de Iansã ter forte ligação com Xangô. Bastante conhecidos pelo passe de dispersão (descarrego). Rápidos e de grande movimentação (deslocamento), são diretos no falar, por vezes causando surpresa no interlocutor.
Caboclos de Iemanjá	Rodam bastante, incorporam com suavidade, contudo mais rápido do que os Caboclos de Oxum. São mais conhecidos por desmanchar trabalhos, aplicar passes, fazer limpeza espiritual, encaminhando para o mar as energias deletérias.
Caboclos de Nanã	De incorporação contida, dançam pouco. Por meio dos passes, encaminham espíritos com baixa vibração. Aconselham bastante, explanando sobre carma e resignação. Esses Caboclos são raros.
Caboclos de Obaluaê	Raro é vê-los trabalhando incorporados, e quando isso acontece, seus médiuns têm Obaluaê como Orixá de cabeça. Trata-se de velhos pajés. Movimentam-se pouco. Sua incorporação parece-se bastante com a de um Preto-Velho (alguns desses Caboclos utilizam-se de cajados para caminhar). Atuam em campos diversos da magia.
Caboclos de Ogum	Com incorporação rápida e mais afeita ao chão, não costumam rodar. Suas consultas são diretas. Conhecidos pelos trabalhos no campo profissional, seus passes geralmente são destinados a doar força física e aumentar o ânimo do consulente.
Caboclos de Oxalá	Mais conhecidos por dirigir os demais caboclos, deslocam-se pouco, mantendo-se fixado em determinado ponto do terreiro. Mais conhecidos pelos passes de energização, raramente dão consulta.
Caboclos de Oxóssi	Rápidos, locomovem-se bastante e dançam muito. Geralmente chefes de Linha, atuam em diversas áreas, em especial com banhos e defumadores.

Caboclos de Oxum	A incorporação se dá principalmente pelo chacra cardíaco. Gostam de rodar e são comumente suaves. Concentram-se tanto nos passes de dispersão quanto nos de energização, com ênfase no alívio emocional do consulente (são conhecidos por lidar com depressão, desânimos e outros desequilíbrios psíquicos). Suas consultas geralmente levam o consulente a refletir bastante.
Caboclos de Xangô	Com incorporações rápidas e contidas, costumam arriar seus médiuns no chão. Diretos na fala aos consulentes, atuam bastante com passes de dispersão. Principais áreas de atuação: emprego e realização profissional, causas judiciais e imóveis.

Sobre as formas de apresentação dos espíritos, quando se trata dos que encarnaram, geralmente se utilizam de roupagem fluídica de uma de suas encarnações. A esse respeito, veja-se o caso do Caboclo das Sete Encruzilhadas, que, em sua primeira comunicação pública foi visto como um sacerdote por um dos médiuns, de fato também uma de suas encarnações.

O senso comum afirma que Caboclos e Pretos Velhos não incorporam em centros espíritas. Na verdade, "baixam" e com roupagens fluídicas diversas. Vale lembrar que a Umbanda nasceu "oficialmente" a partir da rejeição de Caboclos e Pretos-Velhos em mesas mediúnicas espíritas. De qualquer forma, com a ampliação do diálogo ecumênico e inter-religioso e, portanto, da fraternidade entre encarnados, têm ocorrido mais manifestações mediúnicas de Caboclos e Pretos-Velhos em casas espíritas.

A respeito da roupagem fluídica, interessante exemplificar com textos de Feraudy e Pires. No primeiro caso, o autor trata da pluralidade de roupagens fluídicas e de um fenômeno imediato de substituição duma por outra. No segundo caso, de maneira romanceada, apresenta-se a roupagem de um Caboclo.

Roger Feraudy registra:

"(...) mostrando que não existe a menor diferença entre o trabalho mediúnico de Umbanda e Kardecismo, o autor participou, anos atrás, de um trabalho que veio a confirmar essa assertiva.

Seus vizinhos na cidade do Rio de Janeiro trabalhavam em um centro de Umbanda, Tenda Mirim, ela como médium e seu marido como cambono. Em determinado dia, sua filha única, então com quatro anos de idade, teve uma febre altíssima. Depois de chamarem um médio, que não soube diagnosticar a origem dessa febre e como aumentava progressivamente, o marido pediu à mulher que recebesse o seu guia espiritual, caboclo Mata Virgem, chamando-me para auxiliar nesse trabalho. O caboclo Mata Virgem apresentou-se e mandou que o marido do seu aparelho tomasse nota de cinco ervas para fazer um chá que, segundo a entidade, resolveria o problema.

O vizinho, então, ponderou:

– Acredito que o senhor seja o seu Mata Virgem e que o chá irá curar a minha filha; porém, na Terra existem leis a que tenho que prestar contas. Sei que isso não acontecerá, mas se minha filha não ficar boa com seu chá ou mesmo morrer, o que direi às autoridades: que foi seu Mata Virgem quem mandou a menina tomar o chá?!?

O caboclo atirou o charuto que fumava no chão, adotou uma posição ereta e, calmo, disse em linguagem escorreita:

– Dê o chá que estou mandando – e elevando a voz –, doutor Bezerra de Menezes!"

Por sua vez, em "A missionária", romance mediúnico intuído por Roger Pires, o narrador observa:

"(...) Nesse exato momento, enxergou as três figuras ao lado da cama. Eram Jeremias e Melissa, postados próximos à cabeceira da doente, tendo estendidos, sobre ela, os braços. De suas mãos fluía uma radiosidade que se espalhava por todo o corpo de Priscilla. A terceira figura era um 'índio' imponente, de uma estatura incomum, o rosto largo, a pele bronzeada, os olhos grandes e negros. Tinha na cabeça um cocar majestoso, cujas penas se estendiam até os tornozelos. A energia que dele emanava enchia o quarto. Fascinada com o quadro, no geral, Jéssica viu o 'índio' deslocar-se do lado dos outros e colocar-se aos pés da cama, o olhar manso, mas firme fixo na doente.".

> Todos são irmãos. Todos fazem o certo e o errado. A questão é ao lado de quem estar para fazer o certo e aprender com o errado.
>
> Caboclo Sete Flechas
> Médium: Ademir Barbosa Júnior (Dermes)

PRETOS VELHOS

Exemplos de humildade, tolerância, perdão e compaixão, os Pretos Velhos e Pretas Velhas compreendem, sobretudo, os espíritos que, na roupagem de escravos, evoluíram por meio da dor, do sofrimento e do trabalho forçado. São grandes Magos da Luz, sábios, portadores de conhecimentos de Alta Espiritualidade.

Enquanto encarnados, cuidaram de seus irmãos, sustentando-lhes a fé nos Orixás, sincretizada com o Catolicismo, seus santos e rituais, a sabedoria milenar, a medicina popular e outros. Conhecidos como pais/mães, vovôs/vovós e mesmo tios/tias, representam a sabedoria construída não apenas pelo tempo, mas pela própria experiência. Guias e protetores na Umbanda, são espíritos desencarnados de muita luz.

Seus nomes geralmente são de santos católicos (como quando encarnados, conforme a ordem/orientação geral dos senhores e da própria Igreja), acrescidos do topônimo da fazenda onde nasceram ou de onde vieram, ou da região africana de origem. Alguns exemplos: Pai Antônio, Pai Benedito, Pai Benguela, Pai Caetano, Pai Cambinda (ou Cambina), Pai Cipriano, Pai Congo, Pai Fabrício das Almas, Pai Firmino d´Angola, Pai Francisco, Pai Guiné, Pai Jacó, Pai Jerônimo, Pai João, Pai Joaquim, Pai Jobá, Pai Jobim, Pai José d´Angola, Pai Julião, Pai Roberto, Pai Serafim, Pai Serapião, Vovó Benedita, Vovó Cambinda (ou Cambina), Vovó Catarina, Vovó Manuela, Vovó Maria Conga, Vovó Maria do Rosário, Vovó Rosa da Bahia.

Na roupagem de Pretos Velhos, são verdadeiros psicólogos, tendo ótima escuta para todo e qualquer tipo de problema, sempre com uma palavra amiga para os consulentes, além dos passes, descarregos e outros.

Algumas características dos Pretos Velhos

Bebidas: Café preto, vinho moscatel, vinho tinto, cachaça com mel (por vezes com ervas, sal, alho ou outros elementos).

Chacra: Básico ou sacro.

Contas: Muitos pedem contas de rosário, favas, cruzes e figas.

Cores: Preto e branco.

Cozinha: Bolinho de tapioca, mingau da almas, tutu de feijão preto.

Dia da semana: Segunda-feira.

Fumo: Cachimbo ou cigarro de palha.

Linha e irradiação: Os Pretos-Velhos vêm na linha de Obaluaê, mas a irradiação de cada Orixá varia.

Planeta: Saturno.

Roupas: Preta e branca, carijó (xadrez preto e branco), lenços na cabeça, batas e saias (Pretas-Velhas), chapéu de palha e outros.

Saudação: Adorei as almas!

CRIANÇAS

Conhecidos como Crianças, Ibejis, Ibejada, Dois-Dois, Erês, Cosminhos e outros tantos nomes, representam na Umbanda a alegria mais genuína, a da criança (e, consequentemente, da criança interior de cada um). Espíritos que optaram por essa roupagem, geralmente desencarnaram com pouca idade terrena.

São bastante respeitados por outros Guias, como Caboclos e Pretos-Velhos, possuindo funções específicas. No Candomblé, por exemplo, quando o Orixá não fala, o Erê funciona como seu porta-voz. Além disso, protege o médium de muitos perigos. Os nomes dos Erês no Candomblé geralmente correspondem ao regente da coroa mediúnica. Exemplos: Pipocão e Formigão (Obaluaê), Folhinha Verde (Oxóssi) e Rosinha (Oxum). Já na Umbanda, embora possa haver referências Orixá dono da coroa do médium, os nomes comumente reproduzem nomes brasileiros, tais como Rosinha, Cosminho, Pedrinho, Mariazinha e outros. Quanto aos quitutes, na Umbanda, as Crianças, no geral, pedem doces, balas, refrigerantes, frutas. Por influência do Candomblé, algumas casas também servem caruru.

Como no caso das crianças encarnadas, esses irmãozinhos do Alto precisam amorosamente de limite e disciplina. As brincadeiras são animadas, mas isso não deve significar bagunça ou impedir comunicações. Há os que pulam, preferem brinquedos, choram, ficam mais quietinhos, enfim: são formas quase despercebidas de descarregar e equilibrar o médium, a casa, a assistência. Preferem consultas a desmanches de demandas e desobsessões, são bastante sinceros sobre os desequilíbrios dos consulentes, bons conselheiros e curadores. Utilizam-se de quaisquer elementos e manipulam energias elementais sob a regência dos Orixás.

O calendário especial de comemoração das Crianças é extenso e variado: inicia-se em 27 de setembro (São Cosme e São Damião) e vai até 25 de outubro (São Crispim e São Crispiniano), contudo a maioria das festas ocorre próxima ao 27 de setembro.

Elementais

São seres conhecidos nas mais diversas culturas, com características e roupagens mais ou menos semelhantes. Ligam-se aos chamados quatro elementos (terra, água, ar, fogo), daí sua importância ser reconhecida na Umbanda, a qual se serve dos referidos elementos, tanto em seus aspectos físicos quanto em sua contrapartida etérica.

Elemento Terra	
Dríades	Trabalhando nas florestas, diretamente nas árvores, ligam-se ao campo vibratório do Orixá Oxóssi. Possuem cabelos compridos e luminosos.
Gnomos	Trabalham no duplo etérico das árvores.
Fadas	Manipulam a clorofila das plantas (matizes e fragrâncias), de modo a formar pétalas e brotos. Associam-se à vida das células da relva e de outras plantas.
Duendes	Cuidam da fecundidade da terra, das pedras e dos metais preciosos e semipreciosos.

Elemento Água	
Sereias	Atuam nas proximidades de oceanos, rios e lagos, com energia e forma graciosas.
Ondinas	Atuam nas cachoeiras, auxiliando bastante nos trabalhos de purificação realizados pela Umbanda nesses pontos de força.

Elemento Ar	
Silfos	Apresentam asas, como as fadas, movimentando-se com grande rapidez. Atuam sob a regência de Oxalá.

Elemento Fogo	
Salamandras	Atuando na energia ígnea solar e no fogo de modo geral, apresentam-se como correntes de energia, sem se afigurarem propriamente como humanos.

Por sua vez, os elementares são seres gerados artificialmente por pensamentos e sentimentos. Trata-se de formas-pensamento benéficas ou maléficas vivificadas por quem as cria, consciente ou inconscientemente.

A forma-pensamento é uma criação da mente, que possui a vibração benéfica ou deletéria, conforme a natureza e as circunstâncias, denotando, assim, a força do pensamento e do sentimento dos encarnados. Por similaridade e frequência vibratórias, as formas-pensamento atraem energias, entidades e outros afins, que delas se alimentam.

A dimensão da hierarquia

Todos somos especiais, porém, por vezes, muitos de nós nos achamos mais especiais que os outros. Lutamos para sermos os melhores, ou ainda, melhores do que os outros, mas a tarefa evolutiva prescinde que sejamos hoje melhores do que fomos ontem. Numa casa religiosa, existem funções, e não cargos. Mas, se usarmos a palavra "cargo", comum às religiões de matriz africana em geral, embora pouco comum na Umbanda, devemos nos lembrar de que "cargo" é aquilo que se carrega, mas não como peso, e sim como presente, responsabilidade, talento a ser desenvolvido, multiplicado e compartilhado.

A formação do sacerdote/da sacerdotisa de Umbanda se dá pelo apontamento da Espiritualidade; pelo desenvolvimento e pelas obrigações; pela experiência no chão do terreiro e pela confirmação/atestação por parte do (a) dirigente espiritual. Esse período varia: tradicionalmente dura sete anos, contudo, por vezes e por razões específicas (apontamento da Espiritualidade, idade e/ou missão do médium) pode ser inferior ou superior.

A missão sacerdotal não exige o dom da incorporação, ao contrário do que ensina o senso comum e sacerdotes/sacerdotisas com uma visão exclusivista da função. Por outro lado, nem todos carregam essa missão e não serão cursos sistemáticos (presenciais ou a distância; de base ou universitários) que lhe outorgarão o sacerdócio. Nesse sentido, a própria FTU – Faculdade de Teologia de Umbanda (recém-nomeada como Faculdade de Teologia com ênfase em Religiões Afro-brasileiras) afirma, em consonância com outros segmentos religiosos, formar em seus cursos universitários bacharéis em Teologia, não sacerdotes ou sacerdotisas. Nas palavras do fundador e primeiro diretor da Faculdade de Teologia de Umbanda, Pai Rivas Neto (Arhapiagha),

> [...] Grassando que todas as Escolas umbandistas têm a mesma importância, tomamos para nós a tarefa de fundarmos uma instituição de ensino superior regulamentada pelo Ministério da Educação (MEC). Assim, fundamos em 2004 a primeira Faculdade de Teologia do mundo com ênfase nas Religiões afro-brasileiras ou Umbanda, cuja missão é formar teólogos umbandistas ou das religiões afro-brasileiras. O MEC permite que as faculdades de teologia formem sacerdotes, mas entendemos que, pela tradição, o sacerdote deve ser formado no templo tendo uma vivência mínima que varia de sete a dezesseis anos, por isso não formamos sacerdotes na FTU, mas teólogos.

A direção espiritual da casa é confiada a alguém pela própria Espiritualidade, não bastando, como visto acima, os cursos de formação em Teologia de Umbanda, ou mesmo a graduação nessa área. Por determinação da Espiritualidade, um filho de fé pode ser designado a participar de um processo de iniciação para o sacerdócio geralmente mais breve do que no Candomblé, com preparação específica (recolhimento, obrigações e outros), ou então o guia de frente, no caso de um filho que pertença ou não à Umbanda, mas tenha mediunidade ostensiva e compromisso espiritual com a Umbanda nesta encarnação, assume a preparação desse filho para a abertura de uma casa, podendo ou não indicá-lo para um processo de preparação com outro(a) babá.

O próprio Pai Zélio Fernandino de Moraes teve sua missão chancelada não pela vivência nos terreiros ou por um conjunto de obrigações, mas sim por apontamento e acompanhamento mais incisivo da própria Espiritualidade. Contudo, essa é a sua história, específica e particular, e não a da maioria dos sacerdotes/das sacerdotisas.

A hierarquia na Umbanda não é tão escalonada como, por exemplo, no Candomblé. Sob a responsabilidade dos dirigentes espirituais (babás e pai pequeno e/ou mãe pequena), estão os médiuns de incorporação, os ogãs e cambones. Alguns filhos têm funções bem específicas (como os seguranças de canto e porta, os quais, hierarquicamente, estão abaixo do pai pequeno e/ou da mãe pequena), entretanto sem que haja gradações hierárquicas entre os mesmos, mas coordenação de responsabilidade.

O (a) Babá é o (a) dirigente espiritual. O termo se refere tanto ao pai, quanto à mãe da casa, embora, originalmente, no Candomblé, babalorixá (também empregado em algumas casas de Umbanda) se referisse aos homens, enquanto ialorixá, às mulheres.

Popularmente também se usa o vocábulo babalaô, ainda que, em sua origem e no contexto dos cultos de Nação, babalaô seja o sacerdote de Ifá.

Assim como há casas de Candomblé cuja direção espiritual é confiada a um Ogã, há templos de Umbanda onde o dirigente espiritual não é um médium de incorporação. Em ambos os casos, o dirigente é secundado por um médium rodante.

Na direção espiritual da casa, conta-se ainda com o pai pequeno e/ou com a mãe pequena, auxiliares diretos do (a) babá e, em sua ausência, substitutos. Alguns se tornarão babás, outros permanecerão pais e/ou mães pequenos.

O ogã na Umbanda relaciona-se à curimba, dedicando-se ao toque e ao canto. Muitas das atribuições dos ogãs nos cultos de Nação são atribuídas na Umbanda aos cambones.

Muitos ogãs, desde crianças, demonstram incrível habilidade para o toque, aperfeiçoando o dom no dia a dia do terreiro. Contudo, existem também cursos especializados para todos aqueles, homens e mulheres, que desejem aprender a tocar e cantar pontos de Umbanda, podendo ou não atuar num terreiro.

O ogã é um médium de sustentação, de firmeza durante os rituais, atento ao andamento da gira, a fim de, por meio do toque e do canto, manter a vibração necessária e desejada. Em algumas casas, o ogã também é médium de incorporação, dedicando-se a ambas as atividades (em especial nas casas em que existam poucos médiuns), ou à curimba, incorporando apenas em determinadas ocasiões.

Cambone é o médium de firmeza encarregado de, dentre várias funções, auxiliar os médiuns e a Espiritualidade incorporada, bem como fazer anotações, cuidar de detalhes da organização do terreiro, dar explicações e assistência aos consulentes. Pode ou não incorporar. Alguns cambones são médiuns de desenvolvimento que auxiliam nos cuidados da gira.

Geralmente há um cambone-chefe em cada terreiro.

Em linhas gerais, médium rodante é o que incorpora Orixás, Guias e Guardiões, os quais se acoplam à estrutura espiritual do aparelho ou cavalo, de modo a se servirem de seu corpo físico para os trabalhos espirituais. Os médiuns rodantes, quanto à incorporação, podem ser inconscientes, conscientes ou semiconscientes.

O desenvolvimento mediúnico desses médiuns (como de todos os outros) deve ser bastante disciplinado, orientado e supervisionado pelos Guias-chefes, bem como pelos dirigentes espirituais.

Há casas de Umbanda em que há, conforme os dons mediúnicos e suas responsabilidades, os chamados ogãs de frente (com responsabilidades de segurança de gira, dentre outras funções), ogã de corte (não necessariamente para sacrifício ritual, mas sim para preparo de comidas de Santo) e outros.

> A responsabilidade na Umbanda tem o peso
> da pena do penacho de um Caboclo.
>
> Ademir Barbosa Júnior (Dermes)

O TERREIRO

O terreiro em si

Nome genérico de um templo ou de uma tenda de Umbanda, também conhecido como congá.

Pontos vibracionais

Pontos-chave do templo, contribuindo para sua segurança e para sua vibração.

Note-se que nem sempre um ponto chamado de casa é realmente uma construção desse quilate, porém um pequeno ou grande espaço estabelecido conforme a estrutura física do terreiro.

Assentamento

Elementos da natureza (ex.: pedra) e objetos (ex.: moedas) que abrigam a força dinâmica de uma divindade. São consagrados e alojados em continentes (ex.: louça) e locais específicos.

Firmeza

Cada firmeza é uma forma de segurança nos rituais de Umbanda, conforme suas Leis. Acender uma vela, por exemplo, representa, significa e aciona energias muito mais do que possa parecer. Com uma firmeza, estreita-se a relação com os Orixás, Guias, Entidades, Guardiões etc., além de proporcionar a eles campo de atuação mais específico.

A firmeza não deve ser uma atitude mecânica, mas plena de fé, amor, devoção e consciência do que se está fazendo.

Tronqueira

Trata-se de local de firmeza, logo à entrada do terreiro, para o Exu guardião da casa, mais conhecido como Exu da Porteira, pois seu nome verdadeiro só é conhecido pela alta hierarquia do terreiro.

Assentamento de Ogum de Ronda

Assentamento de Ogum de Ronda, com o intuito de manter fora do terreiro energias deletérias, influências espirituais negativas.

Em algumas casas também é chamado de tronqueira; em outras, com ela se confunde.

Casa dos Exus

Local dos assentamentos dos Exus dos médiuns, bem como de entregas, oferendas, giras. Também conhecida como canjira, embora o termo, por vezes, também seja sinônimo de tronqueira, dada a grande variação e diversidade de vocábulos e conceitos na Umbanda.

Há casas, ainda, que se dividem assim: a) tronqueira ou tronqueirinha e b) tronqueira ou casa dos Exus ou canjira.

Casa de Obaluaê

Local do assentamento de Obaluaê.

Cruzeiro das Almas

Local para reverenciar e oferendar os Pretos-Velhos e acender velas para as almas.

Há casas onde também se saúda Obaluaê, acendendo-lhe velas no Cruzeiro das Almas.

Quartinha de Oxalá

Localizada acima da porta, ao lado do local onde se acendem velas para os anjos da guarda. Ponto de atração das energias de Oxalá, irradiadas para todos que aí passarem.

Casa do Caboclo

Local onde se homenageia o caboclo fundador da casa, bem como onde se acendem velas para os caboclos.

Cozinha

Local para o preparo de pratos ritualísticos e mesmo para cuidados gerais da casa. Alguns terreiros não dispõem de cozinha, sendo utilizada a da casa do dirigente espiritual ou de algum médium.

Em linhas gerais, o uso ritualístico da cozinha pressupõe o mesmo respeito, o mesmo cuidado de outras cerimônias de Umbanda, como as giras, as entregas e outros: roupas apropriadas, padrão de pensamento específico e centramento necessário etc. Além disso, os médiuns devem ser cruzados para a cozinha e/ou estarem autorizados a nela trabalhar.

Centro do terreiro

Uma das colunas energéticas do terreiro é seu centro (chão).

Ariaxé

Ao centro do terreiro, no alto. Trata-se de outra das colunas energéticas do terreiro.

Congá

O altar em si, onde ficam imagens dos Orixás, seus otás (pedras especialmente preparadas e consagradas), suas oferendas, objetos litúrgicos e outros.

Em algumas regiões, congá é também sinônimo de terreiro.

Casa dos Orixás

Local onde se mantêm os assentamentos dos Orixás dos médiuns, bem como, por vezes, lhe são entregues oferendas.

Para-raio

Local (sob o congá) para descarga de energias negativas que ocorram durante as sessões. O para-raio é composto de diversos elementos protegidos e encimados por uma barra de aço que perpassa uma tábua com ponto riscado de descarga.

Numa casa em que, por exemplo, se usam bastões para limpeza de aura, os mesmos são descarregados no para-raio.

Atabaque e coro

Em espaço previamente destinado ficam os atabaques, bem como o coro, o que se denomina de curimba (toque e canto). Embora todos os envolvidos na gira (médiuns da casa e assistência) sejam convidados a cantar os pontos, o papel do coro é fundamental para que se mantenha a vibração desejada.

Assistência

A assistência é composta de pessoas que, regular ou esporadicamente, frequentam as giras. Podem ou não ser umbandistas. Algumas dessas pessoas costumam contribuir com doações para a manutenção do terreiro, festas, atividades assistenciais etc.

Para o bom andamento dos trabalhos, é muito importante as pessoas da assistência manterem o silêncio e o padrão de pensamento elevado, a despeito dos problemas pelos quais estejam passando. O mesmo vale para a participação nas preces e nos pontos cantados (voz e palmas).

Com a assistência visível, vêm ao terreiro uma série de espíritos que tenham autorização para tanto (os que desejam apenas perturbar são barrados na entrada da casa e, conforme o caso, encaminhados para tratamento): desencarnados, doentes em fase terminal, pessoas em desdobramento no momento do sono e outros. Todos são amorosamente atendidos e tratados pela Espiritualidade.

Geralmente a assistência fica de frente para o altar, estando entre o mesmo e a assistência o corpo mediúnico da casa.

Quem faz tratamento numa casa de Umbanda não precisa necessariamente tornar-se umbandista: as portas estão sempre abertas a todos que desejem frequentar as giras, os tratamentos espirituais, as festas, contudo a Umbanda não faz proselitismo e a decisão de se tornar umbandista e filiar-se a determinada casa é pessoal e atende também à identificação ou não dos Orixás com a casa em questão.

A dimensão da liturgia

Giras

As giras são os trabalhos ritualísticos mais conhecidos de Umbanda. Variações à parte, costumam ter mais ou menos a mesma estrutura:

- Firmeza para Exu;
- Abertura;
- Defumação;
- Preces e saudações;
- Atendimentos e/ou consultas e trabalhos propriamente ditos;
- Encerramento.

Geralmente todos esses momentos são acompanhados de pontos cantados (com ou sem o uso de palmas e atabaques, dependendo da orientação de cada terreiro).

Conhecidas também como sessões de caridade, as giras são pautadas pela alegria e pela conjugação entre respeito e informalidade, afinal, tanto a Espiritualidade quanto médiuns e consulentes literalmente se sentem em casa. Na maioria das giras, dentre as várias preces, costuma-se fazer a Prece de Cáritas, bem como cantar o Hino da Umbanda.

Defumações

Uma das mais conhecidas formas de limpeza energética feitas na Umbanda, a defumação ocorre não apenas no início dos trabalhos (especialmente das giras), mas em outros locais e circunstâncias onde se fizerem necessárias.

As maneiras de se defumar um terreiro ou outro local variam (em casa ou local de trabalho, por exemplo, fazendo ou não um percurso em X em cada cômodo). Contudo, no caso de residência ou comércio, prevalece o hábito de se defumar dos fundos para a porta de entrada (limpeza) e da porta de entrada para os fundos (energização).

Sacudimentos

Ritual de limpeza espiritual com o intuito de expulsar energias negativas de pessoa ou ambiente. Para tanto, empregam-se folhas fortes que são batidas na pessoa ou no ambiente ("surra"), pólvora queimada no local em que se realiza o ritual e, em algumas casas, comidas e aves em contato com a pessoa ou o ambiente, os quais serão posteriormente oferecidos aos eguns (as aves soltas, vivas). O ritual é completado com banho, no caso de pessoa, e com a defumação do corpo ou do local do sacudimento.

Sacramentos

Enquanto religião constituída, em sua ritualística, a Umbanda possui sacramentos, os quais, no tocante ao desenvolvimento mediúnico e outras particularidades (definidos por alguns também como sacramentos), variam de casa para casa. Como núcleo comum, os sacramentos de Umbanda são o Batismo e o Casamento. Outro ritual próprio, conhecido em outras religiões como sacramental, é a Encomendação ou Encomenda (velório, cemitério e outros).

Um dos Sacramentos da Umbanda. Existe o Batismo tal qual o conhecido como em diversas religiões e o Batismo de recepção, isto é, quando alguém, advindo de outra religião, deseja ser batizado na Umbanda (o Batismo de recepção se dá uma vez que esse sacramento é considerado indelével e válido como elemento de conexão com a Espiritualidade, independentemente da origem religiosa do batizando).

A água está presente nos rituais iniciáticos nas mais diversas culturas. Na Umbanda, o Batismo significa a lavagem espiritual e a recepção do irmão de fé pela comunidade. Essa lavagem se repetirá, com múltiplas finalidades e meios, nos banhos ritualísticos.

Conforme visto acima, a Umbanda reconhece o Batismo realizado em outras religiões. Nesses casos, realiza um Batismo de recepção, representando a entrada na religião, sem necessariamente emitir o documento chamado popularmente de batistério.

Em alguns templos umbandistas, primeiro se batiza a criança na Igreja Católica antes de se realizar o Batismo Umbandista. Tal prática se dá, sobretudo, pela tradição de resistência, em períodos em que a discriminação contra as Religiões de Matriz Africana era mais ostensiva, bem como uma forma de respeito à origem religiosa católica dos pais de muitas das crianças umbandistas.

Enquanto religião constituída, a Umbanda oferece a bênção matrimonial, geralmente feita pelo Guia-chefe do terreiro ou outra Entidade com a qual trabalhe o dirigente espiritual da casa.

Mesmo em terreiros onde não se registram bênçãos para casais homossexuais (o que, convenhamos, é uma pena), acolhem-se essas relações e, em nome do amor e dos direitos civis, exigem respeito para com os irmãos com essa orientação/condição sexual. Entretanto, há casas onde o matrimônio é oferecido como sacramento tanto para casais homossexuais quanto heterossexuais.

A Encomendação ou Encomenda é o ritual fúnebre. Chamada de sacramental por diversas religiões, a encomenda pode ser feita em velórios, cemitérios, residências etc., conforme a tradição, a necessidade e outros fatores. Muitos segmentos umbandistas evitam encomendar corpos nos templos, principalmente quando se trata do desencarne de dirigente espiritual, considerando que se trataria da morte do próprio terreiro, enquanto outros o fazem nos próprios templos com desenvoltura e profundo significado espiritual.

Por sua vez, tirar a mão de vumbe significa realizar rituais para desligamento da energia de dirigente espiritual desencarnado (a) sobre filhos e terreiros.

Obrigações

Cada vez mais se consideram as obrigações não apenas como um compromisso, mas, literalmente como uma maneira de dizer obrigado (a).

Em linhas gerais, as obrigações se constituem em oferendas feitas para, dentre outros, agradecer, fazer pedidos, reconciliar-se, isto é, reequilibrar a própria energia com as energias dos Orixás. Os elementos oferendados, em sintonia com as energias de cada Orixá, serão utilizados pelos mesmos como combustíveis ou repositores energéticos para ações magísticas (da mesma forma que o álcool, o alimento e o fumo utilizados quando o médium está incorporado). Daí a importância de cada elemento ser escolhido com amor, qualidade, devoção e pensamento adequado.

Existem obrigações menores e maiores, variando de terreiro para terreiro, periódicas ou solicitadas de acordo com as circunstâncias, conforme o tempo de desenvolvimento mediúnico e a responsabilidade de cada um com seus Orixás, com sua coroa, como no caso da saída (quando o médium deixa o recolhimento e, após período de preparação, apresenta solenemente seu Orixá, ou é, por exemplo, apresentado como sacerdote ou ogã) e outros. Embora cada casa siga um núcleo comum de obrigações fixadas e de elementos para cada uma delas, dependendo de seu destinatário, há uma variação grande de cores, objetos, características. Portanto, para se evitar o uso de elementos incompatíveis para os Orixás, há que se dialogar com a Espiritualidade e com os dirigentes espirituais, a fim de que tudo seja corretamente empregado ou, conforme as circunstâncias, algo seja substituído.

Para diversos rituais da Umbanda, inclusive as giras, pede-se, além de alimentação leve, a abstenção de álcool e que se mantenha o "corpo limpo" (expressão utilizada em muitos terreiros e que representa se abstenção de relações sexuais). No caso da abstenção de álcool, o objetivo é manter a consciência desperta e não permitir abrir brechas para espíritos e energias com vibrações deletérias. No tocante à abstenção sexual, a expressão "corpo limpo" não significa que o sexo seja algo sujo ou pecaminoso: em toda e qualquer relação, mesmo a mais saudável, existe uma troca energética; o objetivo da abstenção, portanto, é que o médium mantenha concentrada a própria energia e não se deixe envolver, ao menos momentaneamente, pela energia de outra pessoa, em troca íntima.

O período dessas abstenções varia de casa para casa, mas geralmente é de um dia (pode ser da meia-noite do dia do trabalho até a "outra" meia-noite, ou do meio-dia do dia anterior ao trabalho até as 12h do dia seguinte ao trabalho etc.). Há períodos maiores de abstenções chamados de preceitos ou resguardos.

Em casos de banhos e determinados trabalhos, além de época de preceitos e resguardos, também há dieta alimentar específica, além de cores de vestuário que devem ser evitadas, salvas exceções como as de uniformes de trabalho, por exemplo.

TOQUES

Os atabaques mais conhecidos são, por influência dos Cultos de Nação, o Rum (maior e som mais grave), Rumpi (que responde ao Rum) e o Lê (que acompanha o Rumpi). Contudo, na maioria das casas de Umbanda, há um tipo padrão de atabaque, e não essas variações.

São muito importantes, constituindo-se num dos fundamentos do culto aos Orixás. Formatos, confecção, materiais e modos de tocar variam de acordo com as diversas nações de Candomblé. Entretanto, tanto no Candomblé quanto na Umbanda a hierarquia possui características mais ou menos semelhantes, sendo o Alabê o chefe dos Ogãs, isto é, músicos responsáveis pelo toque e pelo canto (curimba).

Cercados de cuidados especiais e respeito, na Umbanda os atabaques podem também ser tocados por mulheres, o que é bastante raro nos Cultos de Nação. Mesmo que na Umbanda alguns Ogãs também incorporem, quando estão tocando são médiuns de firmeza, grandes responsáveis pela vibração da gira.

SÍNTESE DOS TOQUES MAIS COMUNS PARA ALGUNS ORIXÁS	
Orixás	**Toques**
Oxalá	bate-folha, cabula, ijexá
Ogum	barravento, cabula, congo de ouro, ijexá, muxicongo
Xangô	barravento, cabula, congo de ouro, ijexá, muxicongo
Oxóssi	barravento, cabula, congo de ouro, ijexá, muxicongo
Omulu	barravento, cabula, congo de ouro, ijexá, muxicongo
Logun-edé	barravento, ijexá
Ossaim	barravento, cabula, congo, samba angola
Oxumaré	cabula, congo, ijexá
Oxum	cabula, congo, ijexá
Iansã	Agerrê, barravento, cabula, congo de ouro, ijexá
Tempo	barravento, cabula, congo de ouro, ijexá
Iemanjá	cabula, ijexá
Nanã	cabula, congo, ijexá

Pontos cantados

Os atabaques mais conhecidos são, por influência dos Cultos de Nação, o Rum (maior e som mais grave), Rumpi (que responde ao Rum) e o Lê (que acompanha o Rumpi). Contudo, na maioria das casas de Umbanda, há um tipo padrão de atabaque, e não essas variações.

São muito importantes, constituindo-se num dos fundamentos do culto aos Orixás. Formatos, confecção, materiais e modos de tocar variam de acordo com as diversas nações de Candomblé. Entretanto, tanto no Candomblé quanto na Umbanda a hierarquia possui características mais ou menos semelhantes, sendo o Alabê o chefe dos Ogãs, isto é, músicos responsáveis pelo toque e pelo canto (curimba).

Cercados de cuidados especiais e respeito, na Umbanda os atabaques podem também ser tocados por mulheres, o que é bastante raro nos Cultos de Nação. Mesmo que na Umbanda alguns Ogãs também incorporem, quando estão tocando são médiuns de firmeza, grandes responsáveis pela vibração da gira.

Um dos responsáveis pela manutenção da vibração das giras e de outros trabalhos. Verdadeiros mantras, os pontos cantados mobilizam forças da natureza, atraem determinadas vibrações, Orixás, Guias e Guardiões.

Com diversas, o ponto cantado impregna o ambiente de determinadas energias enquanto o libera de outras finalidades, representam imagens e traduzem sentimentos ligados a cada vibração, variando de Orixá para Orixá, Linha para Linha, circunstância para circunstância etc. Aliados ao toque e às palmas, o ponto cantado é um fundamento bastante importante na Umbanda e em seus rituais.

Em linhas gerais, dividem-se em pontos de raiz (trazido pela Espiritualidade) e terrenos (elaborados por encarnados e apresentados à Espiritualidade, que os ratifica).

Há pontos cantados que migraram para a Música Popular Brasileira (MPB) e canções de MPB que são utilizadas como pontos cantados em muitos templos.

A dimensão da liturgia | **161**

Finalidade dos pontos cantados	
Pontos de abertura e de fechamento de trabalhos	Cantados no início e no final das sessões.
Pontos de boas-vindas	Cantados em saudação aos dirigentes de outras casas presentes a uma sessão, convidando-os para, caso desejem, ficarem juntos com o corpo mediúnico.
Pontos de chegada e de despedida	Cantados para incorporações e desincorporações.
Pontos de consagração do congá	Cantados em homenagem aos Orixás e aos Guias responsáveis pela direção da casa.
Pontos de cruzamento de linhas e/ou falanges	Cantados para atrair mais uma de vibração ao mesmo tempo, a fim trabalharem conjuntamente.
Pontos de cruzamento de terreiro	Cantados quando o terreiro está sendo cruzado para o início da sessão.
Pontos de defumação	Cantados durante a defumação.
Pontos contra demandas	Cantados quando, em incorporação, Guias e Guardiões acharem necessário.
Pontos de descarrego	Cantados quando são feitos descarregos.
Pontos de doutrinação	Cantados para encaminhar um espírito sofredor.
Pontos de firmeza	Cantados para fortalecer trabalho sendo feito.
Pontos de fluidificação	Cantados durante os passes ou quando algum elemento está sendo energizado.
Pontos de homenagem	Cantados para homenagear Orixás, Guias e Guardiões.
Pontos de segurança ou proteção	Cantados antes do trabalho (e antes dos pontos de firmeza) para proteger a corrente contra más influências
Pontos de vibração	Cantados para atrair a vibração de determinado Orixá, Guia ou Guardião.

PONTOS RISCADOS

Muito mais do que meio de identificação de Orixás, Guias e Guardiões, os pontos riscados constituem fundamento de Umbanda, sendo instrumentos de trabalhos magísticos, riscados com pemba (giz), bordados em tecidos etc. Funcionam como chaves, meios de comunicação entre os planos, proteção, tendo, ainda, diversas outras funções, tanto no plano dos encarnados quanto no da Espiritualidade.

O ponto riscado de um determinado Caboclo Pena Branca, por exemplo, embora tenha elementos comuns, poderá diferir do de outro Caboclo Pena Branca. Portanto, pontos riscados que aparecem nos mais diversos materiais de estudos de Umbanda servem de base para a compreensão do tema, mas não devem ser copiados. De qualquer maneira, embora também possam variar, existem elementos comuns para os diversos Orixás (e, consequentemente, para as Linhas que regem), conforme o quadro abaixo:

Iansã	Raio, taça.
Ibejis	Brinquedos em geral, bonecos, carrinhos, pirulitos etc.
Iemanjá	Âncora, estrelas, ondas etc.
Nanã	Chave, ibiri.
Obaluaê	Cruzeiro das almas.
Ogum	Bandeira usada pelos cavaleiros, espada, instrumentos de combate, lança.
Oxalá	Representações da luz.
Oxóssi	Arco e flecha.
Oxum	Coração, lua etc.
Xangô	Machado.

O tridente é um elemento comum nos pontos riscados de Exus e Pombogiras.

Quando se trata de Orixás, símbolos não são apenas símbolos. Por exemplo, o símbolo de um Orixá num ponto riscado abre dimensões para o trabalho espiritual. O mesmo se dá com as ferramentas de Orixás: quando, por exemplo, Xangô dança num barracão e utiliza seu machado, estão sendo cortadas energias deletérias e disseminado o Axé do Orixá.

Ervas

Fundamentais nos rituais de Umbanda, para banhos, defumações, chás e outros, as ervas devem ser utilizadas com orientação da Espiritualidade e do dirigente espiritual.

Não apenas os nomes das ervas variam de região para região, de casa para casa, mas também as maneiras de selecioná-las, substituí-las, manipulá-las de prepará-las. Daí a necessidade de orientação e direcionamento para seu uso ritualístico.

Banhos

A água, enquanto elemento de terapêutica espiritual, é empregada em diversas tradições espirituais e/ou religiosas. Na Umbanda, em poucas palavras, pode-se dizer que a indicação, as formas de preparo, os cuidados, a coleta, sua ritualística ou a compra de folhas, dentre tantos aspectos, devem ser orientados pela Espiritualidade e/ou pela direção espiritual de uma casa. As variações são muitas, contudo procuram atender a formas específicas de trabalhos, bem como aos fundamentos da Umbanda.

Abaixo um quadro sintético dos tipos mais comuns de banhos empregados na Umbanda.

Banhos de descarga/ descarrego	Servem para livrar a pessoa de energias deletérias, de modo a reequilibrá-lo. Pode ser de ervas ou de sal grosso, podendo, ainda, serem acrescidos outros elementos.
Banho de descarga com ervas	Após esse banho, as ervas devem ser recolhidas e despachadas na natureza ou em água corrente. Depois desse banho, aconselha-se um banho de energização.
Banho de sal grosso	Banho de limpeza energética, do pescoço para baixo, depois do qual comumente devem ser feitos banhos de energização, a fim de se equilibrarem as energias, visto que, além de retirar as negativas, também se descarregam as positivas. Alguns o substituem pelo próprio banho de mar.
Banhos de energização	Ativam as energias dos Orixás e Guias, afinando-as com as daquele que toma os banhos. Melhoram, portanto, a sintonia com a Espiritualidade, ativam e revitalizam funções psíquicas, melhoram a incorporação etc.
Amací	Banho mais comum, da cabeça aos pés, ou só de cabeça, orientado por Entidades ou pelo Guia-chefe do dirigente espiritual. Existem também amacís periódicos para o corpo mediúnico, que ritualisticamente o toma.
Banho natural de cachoeira	Possui a mesma função dos banhos de mar, porém em água doce. O choque provocado pela queda d'água limpa e energiza. Melhor ainda quando feito em cachoeiras próximas das matas e sob o sol.
Banho natural de chuva	Limpeza de grande força, é associada ao Orixá Nanã.
Banho natural de mar	Muito bom para descarregos e energização, em especial sob a vibração de Iemanjá.

Há outras qualidades de banho, como os de pipoca (Obaluaê).

BEBIDAS

Orixás, Guias e Guardiões têm bebidas próprias, algumas delas, alcoólicas.

O álcool serve de verdadeiro combustível para a magia, além de limpar e descarregar, seja organismos ou pontos de pemba ou pólvora, por exemplo. Ingerido sem a influência do animismo, permanece quantidade reduzida no organismo do médium e mesmo do consulente.

Por diversas circunstâncias, tais como disciplina, para médiuns menores de idade e/ou que não consumam álcool ou lhes tenham intolerância, seus Orixás, Guias e Guardiões não consumirão álcool.

Em algumas casas, o álcool é utilizado apenas em oferendas ou deixados próximos ao médium incorporado.

FUMO

A função primeira do fumo é defumar (por isso, exceções à parte, a maioria dos Guias e Guardiões não tragam: enchem a boca de fumaça, expelindo-a no ar, sobre o consulente, uma foto etc.). Por essa razão, se o terreiro for defumado e for mantido aceso algum defumador durante os trabalhos, há Guias e Guardiões que nem se utilizam do fumo. O mesmo vale quando o médium não é fumante ou não aprecia cigarros, charutos e outros.

Cada Orixá, Linha, Guia ou Guardião que se utilizam do fumo têm características próprias, entretanto, o cigarro parece ser um elemento comum para todos, embora muitas casas não os tenha mais permitido, em virtude das substâncias viciantes, aceitando apenas charutos, charutinhos, cachimbos e palheiros (cigarros de palha), conforme cada Entidade ou Linha.

O fumo desagrega energias deletérias e é fonte de energias positivas, atuando em pessoas, ambientes e outros.

A Umbanda não foi prejudicada pela Lei Anti-fumo do Estado de São Paulo, uma vez que templos religiosos foram excluídos da proibição de fumo em locais fechados no Estado de São Paulo (Lei 577/08, Artigo 6º, Item I e Parágrafo Único, aprovada em 07 de abril de 2009).

UNIFORME
Direita

A roupa branca representa Oxalá, a pureza. Geralmente as casas adotam uniformes, para que seus membros não se vistam cada qual de uma forma diferente: calças e camisas brancas para homens e saias, calças e camisas brancas para mulheres.

Algumas casas apresentam outros elementos que definem a hierarquia da casa, em especial babá, pai pequeno ou mãe pequena, seguranças de canto e porta: torso, tecido diferenciado etc.

Existem também casas que optam por homenagear diretamente seu Orixá patrono por meio do uniforme. Dessa forma, num templo cujo Orixá chefe é Ogum têm-se médiuns com calça branca e camisa vermelha.

Os pés podem estar descalços por humildade, contato com o solo ou com folhas. Ou calçados, geralmente por proteção energética ou em razão de padrão de vestimenta da casa.

Esquerda

Para os Exus, calça e camisa. Para as Pombogiras, saia e camisa. As cores utilizadas são preto e vermelho, ou apenas preto.

A maioria das casas, assim como no caso da roupa da Direita, utilizam-se de uniforme, a fim de não haver exageros, personalismos, inadequações para o ambiente etc.

GUIAS

Também conhecidas como fios de contas, colares de santo ou cordões de santo, as guias são preparadas pelo dirigente espiritual, ou por auxiliares e cruzadas. Há uma grande variabilidade de materiais utilizados para as guias, bem como em sua composição (números, cores etc.) conforme a casa, os Orixás e Guias a que são consagradas etc. Uma das guias mais comuns é a de proteção, na cor do Orixá de cabeça, ou branca, de Oxalá, podendo ser usada por dentro da roupa ou por fora, conforme orientação específica de cada casa. Também há guias de Esquerda.

Ao longo de seu desenvolvimento na Umbanda, um médium terá diversas guias, as quais devem ser bem cuidadas, limpas e lavadas periodicamente conforme orientação da Espiritualidade e do dirigente espiritual. Quando uma guia se quebra, segundo alguns segmentos, deve-se tentar recuperar o maior número possível de contas para que seja remontada e novamente consagrada ou cruzada. Na maioria dos segmentos e casas, contudo, a guia deve ser despachada (entregue num ponto de força) e substituída por outra.

As guias também identificam os Orixás (em especial o Eledá) dos médiuns. São utilizadas nas giras, em diversos trabalhos, comemorações e outros.

O brajá, outra guia comum na Umbanda, é um colar de longos fios montados de dois em dois, em pares opostos, ser usados a tiracolo e cruzando o peito e as costas. Simboliza a inter-relação do direito com o esquerdo, do masculino com o feminino, do passado e do presente.

Dirigentes espirituais costumam usar uma espécie de brajá, com as cores de seu Orixá de Cabeça, de búzios ou com as cores de seu Guia de Cabeça (Caboclo ou Preto Velho).

VELAS

O fogo e a vela estão presentes em rituais de diversas tradições espirituais e/ou religiosas. O mesmo acontece com a Umbanda, para a qual a vela acesa constitui-se num ponto de convergência da atenção dos médiuns, consulentes e outros. A vela reforça a energia, a conexão, o desejo, além de fomentar a energia da vida (ígnea). Ajuda a dissipar energias deletérias e, portanto, abre espaço para que as energias positivas se instaurem e/ou permaneçam no ambiente.

O material "ideal" de uma vela é a cera de abelha, pois traz em si os quatro elementos: o fogo (chama), a terra e a água (a própria cera) e o ar (aquecido). Há diversos formatos, materiais, tamanhos, decorações adicionais e outros. Além disso, por exemplo, na ritualística de cada terreiro, é possível encontrar orientações para que as velas sejam acesas com fósforos ou com isqueiros. Variações à parte, o uso de velas é bastante importante nos fundamentos e nas práticas umbandistas.

A dimensão da liturgia | **169**

Velas Cores mais comuns na Umbanda *(A cor branca substitui as demais)*	
Orixás, Guias, Guardiões	**Cores das velas**
Oxalá	Branca.
Iemanjá	Azul claro.
Oxum	Azul royal.
Iansã	Amarela.
Obá	Vermelha ou magenta.
Xangô	Marrom.
Ogum	Vermelha.
Oxóssi	Verde.
Ossaim	Verde e branca.
Obaluaê	Amarela ou preta e branca.
Pretos-velhos	Preta e branca.
Crianças	Rosa e/ou azul.
Caboclos	Verde.
Boiadeiros	Amarela.
Marinheiros	Azul-claro.
Baianos	Amarela.
Ciganos	Azul claro ou rosa para Santa Sara; para ciganos, pode haver variações.
Exus	Preta e vermelha.
Pombogiras	Preta e vermelha.

O CORTE (SACRIFÍCIO RITUAL)

Na Umbanda, em cuja fundamentação não existe o corte, embora diversas casas dele se utilizem, por influência dos Cultos de Nação, os elementos animais, quando utilizados (há casas que não os utilizam nem mesmo nas chamadas entregas aos Orixás), crus ou preparados na cozinha, provêm diretamente dos açougues. No primeiro caso, usam-se, por exemplo, língua de vaca, sebo de carneiro (por vezes confundido com e/ou substituído por manteiga de karité), miúdos etc. No segundo, nas palavras de Rubens Saraceni,

> *"(...) Mas só se dá o que se come em casa e no dia a dia. Portanto, não há nada de errado porque a razão de ter de colocar um prato com alguma comida 'caseira' se justifica na cura de doenças intratáveis pela medicina tradicional, causadas por eguns e por algumas forças negativas da natureza.(...) Observem que mesmo os Exus da Umbanda só pedem em suas oferendas partes de aves e de animais adquiridos do comércio regular, porque já foram resfriados e tiveram decantadas suas energias vitais (vivas), só lhes restando proteínas, lipídios etc., que são matéria."*

Os animais criados em terreiros de Candomblé para o corte são muito mais bem cuidados e respeitados do que aqueles criados enjaulados, com alimentação inadequada para engordar etc. O animal, para o corte, não pode sofrer. Algumas partes são utilizadas para rituais, as demais são consumidas como alimento pela comunidade e pelo entorno.

Há casas de Candomblé que não cortam, cortam pouco ou se utilizam, como na Umbanda, de elementos animais comprados no comércio (algumas casas de Ketu com esses procedimentos são chamadas de Ketu frio em contraposição às de Ketu quente, ou seja, as que cortam). Todas as casas sérias precisam ser respeitadas, pois seus fundamentos são estabelecidos com a Espiritualidade, adaptados ou não. Fundamento é fundamento, diferente de modismos. Por outro lado, há casas que cortam demais, que se vangloriam do número de animais cortados. Contudo, não é a quantidade que faz uma ceia sagrada e comunal saborosa, mas a qualidade do alimento, o preparo com amor etc.

Nesse contexto, despontou o chamado Candomblé Vegetariano, modalidade com fundamentos adaptados para o vegetarianismo capitaneada por Iya Senzaruban (Ile Iya Tunde). Difere do chamado Ketu frio (onde se utilizam elementos animais, mas sem o corte). Embora diversas casas, ao longo de sua história, tenham extinguido o corte de seus fundamentos, a casa de Iya Senzaruban e as de seus filhos ganharam notoriedade, inclusive pelo número de críticas feitas pela parcela do Povo de Santo que se posiciona totalmente contrária à abolição do corte no Candomblé.

Com relação ao corte, diálogo, respeito e compreensão são fundamentais para que todos se sintam irmanados, cada qual com sua individualidade e seus fundamentos. Diferenças não precisam ser necessariamente divergências.

Além do sangue propriamente dito (ejé, menga, axorô), importante no Candomblé para a movimentação do Axé, há outros elementos também conhecidos como sangue (vermelho, branco e preto), associados aos reinos animal, vegetal e mineral. Todos são importantíssimos condensadores energéticos, o que não significa que todos sejam usados no dia a dia dos terreiros. É importante perceber que estão em toda parte, nos chamados três reinos, movimentando Axé.

Sangue vermelho

Reino animal	Sangue propriamente dito.
Reino vegetal	Epô (óleo de dendê), determinados vegetais, legumes e grãos, osun (pó vermelho), mel (sangue das flores) etc.
Reino mineral	Cobre, bronze, otás (pedras) etc.

Sangue branco

Reino animal	Sêmen, saliva, hálito plasma (em especial do ibi, tipo de caracol) etc.
Reino vegetal	Seiva, sumo, yierosun (pó claro), determinados vegetais, legumes e grãos etc.
Reino mineral	Sais, giz, prata, chumbo, otás etc.

Sangue preto

Reino animal	Cinzas de animais.
Reino vegetal	Sumo escuro de determinadas plantas, waji (pó azul), carvão vegetal, determinados vegetais, legumes, grãos, frutos e raízes etc.
Reino mineral	Carvão, ferro, otás, areia, barro, terra etc.

Para legitimar a não utilização do corte na Umbanda, Míriam de Oxalá se vale dos estudos e de citação de Fernandez Portugal. Para a autora,

> "(...) vale a pena citar de Fernandez Portugal, renomado escritor africanista, em seu livro Rezas-Folhas-Chás e Rituais dos Orixás, publicado pela Ediouro, o item 'Ossaiyn, O Senhor das Folhas': 'Segundo a tradição yorubá,

sem ejé e sem folhas não há culto ao Orixá, mas <u>pode-se iniciar um Orixá apenas utilizando-se folhas, pois existem folhas que substituem o Ejé</u>." O grifo é nosso e tais conceitos são, para nós umbandistas, bem conhecidos.'

Observe-se, noutro contexto, como ecoam tanto as palavras de Portugal quanto as de Miriam de Oxalá. Para Orlando J. Santos,

"Para se fazer um EBÓ 'tudo que a boca come' é preciso ter esgotado todas as possibilidades de resolver o caso a partir das ervas: akasá, obi, orobô etc. Sabemos que: obi, orobô e certas folhas, quando oferecidos aos Orixás dentro do ritual, valem por um frango, cabrito, carneiro. Portanto, em muitos casos, substitui o EJÉ, 'sangue animal'."

No Candomblé, por sua vez e ao contrário do que sustenta o senso comum, o qual associa a religião à "baixa magia", prefere-se a criação própria, mais integrada e ecológica. A respeito do aproveitamento do elemento animal em rituais e no cotidiano do Ilê, Iya Omindarewa afirma

"Uma parte é oferecida ao Orixá, fica aos seus pés até o dia seguinte e depois é dividido entre as pessoas da comunidade. Essa carne é cozida e preparada num ritual muito absoluto, e é totalmente aproveitada. O restante é para alimentar o povo da festa, gente da casa e os vizinhos. Tem um sentido, nada é feito à toa. É oferecida ao animal uma folha; se ele não comer não será sacrificado, pois não foi aceito pelo Orixá."

Mãe Stella de Oxóssi, quando perguntada se o século XXI corresponderia ao fim do uso de animais em rituais do Candomblé, responde:

"Mas neste século XXI o que mais tem é churrascaria! Mata-se o boi, a galinha e o carneiro para comermos. Só porque usamos animais em nossos rituais, fiam falando que deve acabar. O animal mais bem aproveitado é aquele que é morto nos rituais de Candomblé, porque se aproveita tudo: a carne, que alimenta muita gente, o couro...)."

Em síntese, nos rituais, o corte no Candomblé está associado à ceia comunal: come o Orixá e comem fiéis e convidados do mesmo prato. A base desse fundamento é a utilização do sangue (ejé, menga, axorô) para a movimentação do Axé, o que, aliás, não ocorre apenas em situações de ceia comunal, mas também em ebós, quando apenas os Orixás ou entidades comem.

Nas palavras de Iya Omindarewa,

"Está na cabeça da gente que não se pode fazer o sacrifício, pegar energia de uma coisa viva e passar para outra. Admite-se comer um bom bife, uma galinha ou porco para alimentar o corpo. Mas não se admite captar a energia dos animais, das folhas, da Natureza toda para fortalecer sua cabeça. Isso não faz sentido; vamos andar descalços porque não se pode usar o couro? Não vamos comer folhas, milho, carne porque são da Natureza? E como o ser humano vai viver? A vida não é uma luta? Pega-se uma coisa pela outra e depois não retorna tudo para a terra? Isso tudo é uma grande bobagem. O sacrifício significa dar ao Orixá uma certa energia que ele devolve em troca. Tudo depende das ocasiões; não é durante toda a vida que vamos matar bichos, mas em grandes momentos, como nas Feituras, quando é necessário."

A dimensão do corpo

O CORPO

O corpo é o congá primeiro do médium, seja ele de incorporação ou não. Trata-se do veículo que nos acolhe nesta encarnação e, portanto, deve ser amado, respeitado, cuidado, alimentado, entregue ao prazer e ao repouso com amor, alegria e equilíbrio. Se um dia vai virar pó, durante a encarnação ainda não virou e, assim, precisa ser visto como um presente oferecido por Deus e por toda a Espiritualidade para a aventura da encarnação.

Não deve o corpo ser negligenciado, mas integrado à vivência da Espiritualidade, a qual, em sua instância mais plena e democrática, é também holística. Medita-se não apenas com o espírito, mas também com o corpo. Trabalha-se a mediunidade não apenas com o espírito e o perispírito, mas também com o corpo físico.

Há alguns anos um jornal paulista de grande circulação perguntava aos entrevistados, num pingue-pongue: "Sexo ou meditação?". Vez ou outra, algum deles, de forma integrada, respondia: "Ambos".

Na Umbanda, além das preces, espontâneas ou recitadas, feitas individualmente ou em grupo, canta-se, batem-se palmas, dança-se, enfim, ora-se com o corpo todo, nas giras, em outros trabalhos espirituais, eventos públicos etc. A vibração flui por diversos canais.

Em 2013, num evento sobre Umbanda, num dos auditórios (lotados) da Câmara Municipal de São Paulo, um Ogã, se não me engano professor de História, tratou da convenção (geralmente confundida com falta de educação) de não se baterem palmas durante a execução de hinos, como o Nacional e o da Umbanda, e da importância vibratória de, ao contrário, as palmas serem utilizadas, ainda mais por umbandistas, que conhecem seu fundamento. Convidou, então, todos a acompanharem a curimba também com palmas na execução do Hino Nacional e do Hino da Umbanda, no que foi prontamente atendido, ampliando-se a energia positiva, a vibração do evento.

Desejo: sublimação ou transcendência

Em diversos momentos da História, em várias tradições espirituais e/ou religiosas, o desejo foi considerado como inimigo da caminhada espiritual (refiro-me principalmente ao desejo sexual). Mesmo grandes mestres, que precisam ser compreendidos no contexto histórico-social em que encarnaram, enxergavam o corpo em si como um entrave à evolução espiritual, chegando a descurar da própria saúde/higiene e/ou a maltratar o corpo de formas ainda mais cruéis.

Neste milênio, cada vez mais o desejo é encarado também nas áreas da Espiritualidade e da Religião sob o viés holístico (equilíbrio entre corpo, espírito e mente), de modo a se vivenciar o que é natural com naturalidade. Nesse contexto, a transcendência mostra-se mais saudável do que a sublimação.

De modo geral, sublimar significa colocar sob os pés ou sob o tapete o desejo latente, por vezes fingindo que não existe (se não existe, por que trancafiá-lo?). O maior problema dessa atitude é que o desejo negado/reprimido geralmente se manifesta de maneira ainda mais forte, sem freios (segundo Jung, tudo aquilo a que se resiste, persiste). Por outro lado, transcender significa ir além, ultrapassar o ponto do desejo, reconhecendo-o, vivenciando-o de com equilíbrio em vez de negá-lo.

Exemplo:

Numa gira, um médium nota uma mulher muito atraente na assistência.

Pensamento/atitude de sublimação: Não posso olhar para ela, vou me desconcentrar. Mas ela é tão bonita! Nossa, deve ser obsessão! Ai, meu Deus, estou numa gira, eu não deveria estar protegido contra essas coisas?

Pensamento/atitude de transcendência: Nossa, que mulher linda! Bem, mas agora não é hora de paquerar, não é mesmo? Melhor eu me concentrar na gira.

O exemplo, claro, é uma simulação. Os pensamentos geralmente são instantâneos. A atitude no caso de sublimação é nenhuma, perdida numa luta, muitas vezes angustiante. Já no caso de transcendência, não se negam as evidências (a mulher de fato é atraente), a consciência (atenção, foco, comando da situação) dá o tom de uma decisão e de uma atitude bem práticas: centrar-se e adequar-se ao momento, à gira.

— • —

Dois monges budistas celibatários chegaram à beira de um rio. Uma linda mulher pediu a um dos monges que a levasse nas costas para atravessar as águas, ao que ele assentiu com um sorriso. O outro monge ficou indignado: pelos votos rigorosos que fizeram, um monge jamais deveria tocar uma mulher! Que dirá uma mulher como aquela!

Feita a travessia, a mulher desceu das costas do monge, agradeceu e seguiu o seu caminho. Os monges fizeram o mesmo, contudo o monge indignado, cada vez mais perplexo, não se conteve e disse ao companheiro:

– Isto não pode ser! Vou contar ao nosso superior que você carregou uma mulher nos ombros!

O outro respondeu:

– Irmão, eu a deixei na margem do rio. Você a está carregando até agora...

CHACRAS

Por serem ecológicas, as religiões de matriz africana visam ao equilíbrio do trinômio corpo, mente e espírito (holismo), isto é, a saúde física, o padrão de pensamento e o desenvolvimento espiritual de cada indivíduo.

O corpo humano traz em si os quatro elementos básicos da natureza, aos quais se ligam os Orixás. É o envoltório, a casa do espírito, sente dor e prazer. É, ainda, o meio (médium) pelo qual a Espiritualidade literalmente se corporifica, seja por meio da chamada incorporação, intuição, psicografia etc. Portanto, deve ser tratado com equilíbrio, respeito e alegria.

Assim como na tradição hebraico-cristã, segundo a qual Deus e os seres humanos viviam juntos no Éden, a tradição iorubá relata que havia livre acesso aos seres humanos entre o Aiê (em tradução livre, o plano terreno) e o Orum (em tradução livre, o plano espiritual). Com a interrupção desse acesso, foi necessário estabelecer uma nova ponte, por meio do culto aos Orixás, em África, o que se amalgamou e resultou, no Brasil, no Candomblé e, em linha histórica diacrônica (para a Espiritualidade o *timing* é sincrônico e em espiral), nas demais religiões de matriz africana.

Em termos gerais, chacras (rodas) são centros de energia físico-espirituais espalhados por diversos pontos dos corpos físico e espirituais que revestem o físico. Os chacras mais conhecidos são 7, os que estão nas mãos e pés são também muito importantes para o exercício da mediunidade.

Embora haja variações de conceitos na relação entre chacras e Orixás, de modo geral, tem-se a seguinte correspondência:

1º *Chacra*

Nome em sânscrito: Muladhara (Base e fundamento; suporte).
Nomes mais conhecidos em português: Base ou Básico; Raiz; Sacro.

Localizado na base da coluna, na cintura pélvica, quando ativo tem a cor vermelho-fogo. Seu elemento correspondente no mundo físico é a terra. Seu som correspondente (bija), segundo segmentos religiosos tradicionais indianos, é LAM. O centro físico do chacra base corresponde às glândulas suprarrenais, as quais produzem adrenalina e são responsáveis por prover a circulação, equilibrar a temperatura do corpo, de modo a prepará-lo para a reação imediata. Trata-se do centro psicológico para a evolução da identidade, da sobrevivência, da autonomia, da autoestima, da realização e do conhecimento. Além disso, acumula impressões, memórias, conflitos e atitudes geradas pelos esforços para conseguir individualidade. Quando em desequilíbrio, produz, dentre outros, anemia, leucemia, deficiência de ferro, problemas de circulação, pressão baixa, pouca tonicidade muscular, fadiga, insuficiência renal e excesso de peso. **Regente:** Exu, Obaluaê, Pretos Velhos.

2º *Chacra*

Nome em sânscrito: Swadhistana (Morada do prazer).
Nomes mais conhecidos em português: Gênito-urinário; Esplênico.

Localizado na região de mesmo nome, quando ativo tem a cor laranja. Seu elemento correspondente no mundo físico é a água. Seu som é VAM. O centro físico desse chacra corresponde às glândulas sexuais (ovários, próstata e testículos), responsáveis pelo desenvolvimento das características sexuais masculinas e femininas e pela regulagem do ciclo feminino. Trata-se do centro psicológico para a evolução do desejo pessoal e da força emotiva, da vontade de ter, amar, pertencer, vivenciar a estabilidade (material e emocional) e da necessidade de afeto e segurança. Além disso, acumula padrões negativos decorrentes dos esforços para estabelecer um sistema de apoio para viver e amar. Quando em desequilíbrio, produz, dentre outros, TPM, artrite e disfunções ligadas aos órgãos reprodutivos, tais quais mioma e pólipos.
Regente: Oxóssi.

3º *Chacra*

Nome em sânscrito: Manipura (Cidade das joias).
Nomes mais conhecidos em português: Plexo Solar; Umbilical.

Localizado na região do diafragma, pouco acima do estômago, quando ativo tem a cor amarela. Seu elemento correspondente no mundo físico é o fogo. Seu som é RAM. O centro físico do plexo solar corresponde ao pâncreas, responsável pela transformação e digestão dos alimentos. O pâncreas produz o hormônio insulina, o qual equilibra o açúcar no sangue e transforma o hidrato de carbono. Além disso, as enzimas isoladas pelo pâncreas são fundamentais para a assimilação de gorduras e proteínas. O plexo solar é o centro psicológico para a evolução da mente pessoal e da vontade de saber, aprender, comunicar e participar. Acumula padrões negativos decorrentes dos esforços para desenvolver a inteligência, a expressão de ideias, pensamentos e sonhos. Quando em desequilíbrio, produz, dentre outros, desordens no trato digestivo, diabetes, alergias, sinusite insônia.

Regentes: Ogum, Oxum.

4º *Chacra*

Nome em sânscrito: Anahata (O invicto; o inviolado).

Nome mais conhecido em português: Cardíaco.

Localizado na porção superior do peito, quando ativo apresenta a cor verde. Seu elemento correspondente no mundo físico é o ar, enquanto seu som é YAM. O centro físico do chacra cardíaco é o timo, responsável pela regulação do crescimento, pelo sistema linfático e por estimular e fortalecer o sistema imunológico. Trata-se do centro psicológico para a evolução do idealismo, da capacidade de amar e doar, da visão real do mundo, do autoconceito, além de constituir um ponto de transferência das energias dos chacras inferiores e superiores. Quando em desequilíbrio, produz, dentre outros, palpitação, arritmia cardíaca, rubor, ataque de pânico, pressão alta, intoxicação, problemas no nível de colesterol e acidose.

O cardíaco é o chacra das emoções, as quais, se não devem ser engolidas, precisam ser buriladas para que não se tornem destrutivas nem para o Eu nem para o próximo. O chacra cardíaco, o quarto dos sete ditos principais, seria o fiel da balança (outra correlação para ser regido por Xangô) entre os três inferiores ("inferior": o que está abaixo) e superiores ("superior": o que está acima), interligando-os, de modo a demonstrar que o equilíbrio está na correlação entre o inferior e o superior, sem qualquer juízo depreciativo do que está abaixo em relação ao que está acima.

Regentes: Xangô, Iansã.

5º *Chacra*

Nome em sânscrito: Vishudda (O purificador).

Nomes mais conhecidos em português: Laríngeo; Cervical.

Localizado no centro da garganta, próximo ao pomo-de-adão, quando ativo tem a cor azul-claro. Seu elemento correspondente no mundo físico é o éter, enquanto seu som é HAM. Por sua vez, o centro físico do chacra laríngeo corresponde à tireoide, importante para o crescimento do esqueleto e dos órgãos internos, além de regular o metabolismo, o iodo e o cálcio no sangue e nos tecidos (em outras palavras, a tireoide desempenha papel fundamental no crescimento físico e mental). O chacra laríngeo é o centro psicológico da evolução da criatividade, da autodisciplina, da iniciativa, da responsabilidade, do agir transpessoal. Além disso, apresenta a força vibratória responsável pela formação da matéria, de modo a interligar pensamento e forma, mente e matéria. Quando em desequilíbrio, produz, dentre outros, resfriados, herpes, dores musculares ou de cabeça, congestão linfática, endurecimento do maxilar, problemas dentários, além de aumentar a suscetibilidade a infecções virais ou bacterianas.

Regentes: Nanã, Ibejis (todos, em especial este chacra), Oxumaré.

6º Chacra

Nome em sânscrito: Ajna (Centro do comando).
Nome mais conhecido em português: Frontal.

Localizado no meio da testa, quando ativo apresenta a cor azul escuro (índigo). Não apresenta elemento correspondente no mundo físico. Seu som é OM. Seu centro físico corresponde à pituitária/hipófise, responsável pela função das demais glândulas. O chacra frontal é o centro psicológico para a evolução do desejo de liderança, integração ao grupo, poder e controle. Liga o corpo inconsciente e o físico (mental). Quando em desequilíbrio, produz, dentre outros, vícios de drogas, álcool, compulsões, problemas nos olhos (cegueira, catarata etc.) e surdez.
Regentes: Iemanjá, Nanã, Iansã.

7º Chacra

Nome em sânscrito: Sarashara (Lótus das mil pétalas).
Nomes mais conhecidos em português: Coronário; Sublime.

Localizado no topo da cabeça, quando ativo tem a cor violeta, com matizes brancas. Não possui som correspondente no mundo físico, já que possui a mesma condição do Universo, de Deus. Seu centro físico corresponde à glândula pineal, a qual atua no organismo todo (quando falha, dá-se a puberdade tardia). O chacra coronário é o centro psicológico para a evolução da capacidade intuitiva, da experiência espiritual e do sentido de unificação e do divino. Por se uma ponte entre o inconsciente coletivo e o inconsciente individual, possibilita o acesso ao registro coletivo (akásico) e a libertação da necessidade de controle. Quando em desequilíbrio, produz, dentre outros, desordens no sistema nervoso, insônia, neurite, enxaqueca, histeria, disfunções sensoriais, possessão, obsessão e neuroses.

Regente: Oxalá.

Bioética

Aborto

Em linhas gerais e pela compreensão da importância da encarnação, a Umbanda condena a prática do aborto. Por outro lado, respeita a situação pessoal de cada mulher e dos que a amam em situações de risco de morte para a mãe e gestação decorrente de estupro, casos previstos em lei.

Sendo uma religião de acolhida, a Umbanda jamais condenará ou excluirá quem pratica o aborto, seja nos casos previstos em lei, como método contraceptivo, em situações de desespero etc. Os sacerdotes/as sacerdotisas e todo o corpo mediúnico de uma comunidade umbandista deverão propiciar mecanismos de meditação e reflexão para cada mulher, cada homem, cada profissional de saúde avaliar todas as implicações do aborto, bem como de acolhimento e conforto para quem tenha vivenciado a experiência do aborto (provocado ou mesmo espontâneo), sobretudo a própria mulher.

Em última instância e para cada caso em particular, deve-se sempre pedir aconselhamento aos Orixás, Guias e Guardiões.

Enquanto promotora da vida humana, a Umbanda não pode violentar e assassinar moralmente alguém que tenha pensamento diferente do seu, no tocante ao aborto, seja membro de uma família umbandista ou não. O diálogo constante é um dos sinais de que as portas de um templo estão e estarão sempre abertas.

Embriões

A Umbanda apoia a ciência responsável, transformadora da vida. Se alguém, por exemplo, nasce sem a mão direita ou a perde num acidente, pode (a) aprender a fazer tudo com a esquerda, (b) usar uma prótese ou (c) submeter-se a um transplante de mão, cada vez mais comum, como o de tantos outros órgãos. Dessa maneira, o sujeito resigna-se a uma situação, a um fato, mas não se acomoda, pois, o conhecimento (a) e a ciência [(b) e (c)] facultam-lhe uma melhor qualidade de vida. Essa, aliás, é a verdadeira resignação, a que nos projeta para a frente, nos auxilia a evoluir.

Muitos casais desejam filhos biológicos e há mesmo o caso de esposas de maridos falecidos em situações diversas, que desejam ter seus óvulos fecundados por espermatozoides previamente acondicionados ou que se lhes implantem embriões também previamente preparados antes do falecimento do parceiro, por exemplo. Outras se valem de doadores anônimos para a grande aventura e responsabilidade da maternidade.

Em linhas gerais, a Umbanda apoia toda iniciativa consciente de maternidade-paternidade com a ressalva de que os embriões não utilizados/implantados não sejam descartados como lixo, num evidente atentado à vida humana. Deve a ciência encontrar meios e planejamentos para que a vida não seja banalizada, descartada, excluída.

Eutanásia

A Umbanda, em virtude da Lei da Reencarnação como oportunidade de crescimento em todas as esferas, desaprova a eutanásia, propondo que cada enfermo seja confortado da melhor maneira possível física, emocional e espiritualmente. Entretanto jamais condenará/recriminará o (a) irmão (ã) que deseja valer-se da eutanásia ou suicídio assistido. Em palavras simples, desaprova a prática, mas não condena quem a pratica ou exclui quem a aplica.

O mesmo raciocínio vale para o suicídio em âmbito geral. A Umbanda não o aprova pelas mesmas razões, de modo especial porque a vida é dom divino e cada encarnação, oportunidade de aprendizado e recomeço. Entretanto, jamais condenará o (a) suicida, negando-lhe, por exemplo, ritual fúnebre, enterro em campo santo etc. ou fechará as portas para quem o (a) assista.

Legítima defesa e pena de morte

A legítima defesa não redunda necessariamente em homicídio. Contudo, quando este ocorre como consequência inevitável, bem como lesão grave ou irreversível, entende-se que o sujeito agiu impelido principalmente pela defesa da própria vida, vale dizer, de autopreservação.

Pela importância da vida humana como etapa de aprendizado e resgate, a mesma deve ser preservada independentemente do delito cometido. São importantes os mecanismos para que agressores compensem as vítimas, na medida do possível, e não repitam as agressões, de forma pedagógica e pautada pelo conceito de justiça, e não de vingança. Nesse sentido, mais vale o Estado investir em prevenção (sobretudo em educação e justiça social) e nos sistemas judiciário e penitenciário, além de valer-se, de acordo com a natureza do delito, das chamadas penas alternativas.

Ao contrário do que reza o senso comum, a penitenciária não é lugar para se apodrecer, mas para se trabalhar interiormente e trabalhar para compensar vítimas e/ou a sociedade, na medida do possível e em vários âmbitos, e não apenas o material.

Se, por um lado, a pena de morte não evoca a essência da religião de Umbanda, por outro, como nos demais temas, polêmicos ou não, respeitam-se opiniões e decisões de foro íntimo, valorizando-se, assim, o livre-arbítrio.

Experiências científicas

A vida jamais deverá ser banalizada, mesmo com base em supostos benefícios para todos. Nesse sentido, a psique e o corpo humano não deverão ser aviltados em qualquer sorte de experimentos, e sim promovidos, beneficiados.

O mesmo vale para os animais utilizados em pesquisas e experimentos, já que toda vida é sagrada. Nesse sentido em particular, veja-se a maneira como a Umbanda encara o respeito aos animais em relação ao corte no Candomblé e/ou nos segmentos umbandistas que dele fazem uso (cuidados, criação etc.).

SAUDAÇÕES
Religiões

Em ordem alfabética, algumas saudações e/ou pedidos de bênção. Grafias e mesmo significados possuem variações. Os usos variam ainda conforme as Nações e do Candomblé para a Umbanda. Nesse sentido, há uma célebre saudação que unifica e representa a diversidade: "A benção pra quem é de benção, colofé pra quem é de colofé, mucuiú pra quem é de mucuiú e motumbá pra quem é de motumbá!".

Axé	Saudação genérica entre o povo-de-santo, evocando a força que assegura o dinamismo da vida, isto é, o Axé.
Bênção	Saudação genérica, utilizada nas diversas Nações.
Colofé	Saudação mais comum na Nação Jeje. Como complemento, tem-se "Colofé lorum".
Motumbá	Saudação mais comum na Nação Ketu. Do iorubá "mo túmba", com o sentido de "eu o saúdo humildemente". Como complemento, tem-se "Motumbá Axé".
Mucuiú	Variante de Mocoiú. Saudação mais comum na Nação Angola. Do quicongo "mu-kuyu" com o sentido de espírito. A saudação ritual completa-se com "Mucuiú nu Zâmbi".
Salve	Saudação genérica, utilizada nas diversas Nações.
Saravá	Saudação mais comum da Umbanda, como sinônimo de "salve!". Trata-se do resultado da bantuização do português "salvar", "saudar".

Terreiro

Abaixo, algumas saudações comuns no terreiro e seus significados:

Bater cabeça

Com o corpo estirado, ou de joelhos, conforme a situação e o ritual de cada casa, toca-se o chão com a testa. Sinal de respeito e devoção aos Orixás em geral, aos do congá e dos dirigentes espirituais da casa. Também se trata de forma de absorção de energias benfeitoras. Há outra maneira mais elaborada, usada principalmente por dirigentes espirituais e médiuns de coroa feita.

Por influência dos Cultos de Nações, algumas casas se utilizam do Dobalê e do Iká.

Dobale ou Dobalê – saudação daquele que tem o primeiro Orixá masculino (aboró), a qual consiste em prosternar-se no chão, ao comprido, diante do Orixá, de um sacerdote e outros.

Iká – Saudação daquele que tem o primeiro Orixá feminino (iabá), a qual consiste em deitar-se de bruços, diante do Orixá, de um sacerdote e outros, com a cabeça tocando o solo enquanto o corpo move-se para os lados, sobre os braços estendidos.

Há regiões e casas onde os gestos de dobalê e iká têm os nomes invertidos. Em outras, o termo dobale é empregado para ambos os gestos.

Bater paô

Na Umbanda, geralmente batem-se três palmas em sinal de respeito (diante da Tronqueira, após se bater cabeça diante do altar etc.).

Bater as pontas dos dedos no chão

Sinal de respeito e reverência, complementado de diversas maneiras como:

a) Saudação a Exu – bate-se com os dedos da mão esquerda e depois se cruzam os dedos das mãos com as palmas voltadas para o solo;

b) Saudação aos Pretos-Velhos – bate-se com os dedos da mão direita, fazendo-se uma cruz e depois traçando o sinal da cruz no peito;

c) Saudação aos Orixás e Guias – bate-se com os dedos da mão direita, toca-se a fronte (saudação ao Eledá – 1º Orixá), o lado direito da cabeça (2º Orixá) e a nuca (Ancestrais). Batendo-se a mão três vezes ao chão e tocando-se os três pontos da cabeça descritos, tem-se uma saudação a Obaluaê.

Beijar a mão do (da) dirigente espiritual

Pedido de benção.

Cumprimento ombro a ombro

Sinal de amizade, fraternidade e igualdade. Cumprimento muito bonito, portanto, quando feito por um Guia, mas também com dirigentes espirituais, por exemplo. Feito direito, esquerdo, direito.

Além disso, bater palmas é forma de saudar, acompanhar pontos cantados e outros. Bater palmas auxilia a estar numa mesma vibração energética, com alegria, entusiasmo, devoção e amor.

ALGUMAS POSTURAS

Isolamento ou repouso vibratório

Com as mãos cruzadas à frente do corpo, serve para isolar o médium de energias deletérias de diversas origens. Algumas casas utilizam essa posição durante a defumação, até que toda a corrente mediúnica tenha sido defumada.

Vênia

Com a perna direita dobrada, em genuflexão, os antebraços formam dois ângulos retos, com as palmas das mãos voltadas para cima, enquanto a cabeça permanece inclinada ou semi-inclinada para frente. Representa humildade, devoção, respeito ao Chefe Espiritual e/ou à Entidade incorporada. Saudação também utilizada, de modo especial, para Oxalá.

Corrente vibratória

Em círculo, ou semicírculo, os médiuns dão-se as mãos, com a direita espalmada para baixo (dar, oferecer) sobre a esquerda do (a) companheiro (a), espalmada para cima (receber, acolher). Essa corrente vibratória é utilizada em diversas tradições religiosas e/ou espirituais, bem como em grupos de apoio, de teatro etc.

Estar de joelhos

Respeito, humildade, equilíbrio/reequilíbrio energético entre o que está no alto e o que está embaixo (em especial, a energia telúrica).

A dimensão da prece

Algumas das orações mais comuns para os umbandistas. Na Umbanda, como em toda religião que realmente se pretenda ligada ao Divino, respeita-se o livre-arbítrio e não se negocia com a Espiritualidade (toma lá, dá cá).

ORAÇÕES
Pai Nosso

Oração mais conhecida do Cristianismo, ensinada pelo próprio Jesus, segundo os Evangelhos.

> Pai Nosso, que estais no céu, santificado seja o Vosso nome, venha a nós o Vosso reino, seja feita a Vossa vontade assim na terra como no céu. O pão nosso de cada dia nos dai hoje, perdoai-nos as nossas ofensas, assim como nós perdoamos a quem nos tem ofendido, e não nos deixeis cair em tentação, mas livrai-nos do mal. Amém.

Ave Maria

Oração da tradição católica, amplamente divulgada e difundida na Umbanda, dirigida seja a Maria (Mãe de Jesus), seja às Iabás (especialmente a Oxum). Em alguns templos umbandistas, assim como em casas espíritas, usa-se "Mãe de Jesus", e não "Mãe de Deus", pelo fato de Jesus ser compreendido como o médium mais evoluído, e não como encarnação do Princípio Primeiro (Deus), e "passagem" ou "desencarne" em substituição à "morte".

Ave Maria, cheia de graça, o Senhor é convosco, bendita sois vós entre as mulheres, e bendito é o fruto do vosso ventre, Jesus. Santa Maria, Mãe de Deus, rogai por nós, pecadores, agora e na hora da nossa morte. Amém.

Salve Rainha

Oração católica, dedicada a Nossa Senhora, também rezada por muitos umbandistas, por vezes aconselhada, por exemplo, por Pretos Velhos.

Salve, Rainha, mãe de misericórdia, vida, doçura, esperança nossa, salve! A vós bradamos os degredados filhos de Eva. A vós suspiramos, gemendo e chorando neste vale de lágrimas. Eia, pois, advogada nossa, esses vossos olhos misericordiosos a nós volvei, e depois deste desterro mostrai-nos Jesus, bendito fruto do vosso ventre, Ó clemente, ó piedosa, ó doce sempre Virgem Maria.

Rogai por nós, ó Santa Mãe de Deus.

Para que sejamos dignos das promessas de Cristo.

Glória ao Pai

Oração católica referente à Santíssima Trindade (Pai-Filho-
-Espírito Santos, três pessoas/manifestações de um só, conforme
a doutrina católica), utilizada por diversos umbandistas.

*Glória ao Pai, ao Filho e ao Espírito Santo, como era
no princípio, agora e sempre. Amém.*

Santo Anjo

Oração popular católica, também rezada por muitos umbandistas.

*Santo Anjo do Senhor, meu zeloso guardador, se a
Ti me confiou a piedade divina, sempre me rege, guarda,
governa e ilumina. Amém.*

Credo

Oração católica bastante comum em templos umbandistas,
não necessariamente interpretada à luz dos dogmas do Catolicismo,
como quando se afirma a fé na Igreja Católica (conforme indicam
Guias e a própria etimologia, leia-se "católica" como "universal",
isto é, a grande família humana), na Comunhão dos Santos, na
ressurreição da carne, dentre outros tópicos da fé católica.

Conhecida também popularmente como "Creio em Deus Pai",
da mesma forma como orações de tantas manifestações e segmentos
religiosos, cria uma egrégora protetora e facilita a concentração ao
ser recitada.

*Creio em Deus Pai Todo-Poderoso, criador do céu e
da terra. E em Jesus Cristo, seu único Filho Nosso Senhor,
que foi concebido pelo poder do Espírito Santo, nasceu da
Virgem Maria, padeceu sob Pôncio Pilatos, foi crucificado,*

morto e sepultado, desceu a mansão dos mortos, ressusci-
tou ao terceiro dia, subiu aos Céus, está sentado à direita
de Deus Pai todo-poderoso, donde há de vir a julgar os
vivos e mortos. Creio no Espírito Santo. Na Santa Igreja
Católica, na comunhão dos santos, na remissão dos pe-
cados, na ressurreição da carne, na vida eterna. Amém.

Prece de Cáritas

Prece bastante utilizada nas giras e em outros rituais de Umbanda. Foi psicografada no Natal de 1873, em Bordeaux (França), pela médium Mme. W. Krell, com a qual trabalhava o espírito da suave Cáritas.

> *Deus, nosso Pai, que sois todo Poder e Bondade, dai a força àquele que passa pela provação, dai a luz àquele que procura a verdade; ponde no coração do homem a compaixão e a caridade!*
>
> *Deus, dai ao viajor a estrela guia, ao aflito a consolação, ao doente o repouso.*
>
> *Pai, dai ao culpado o arrependimento, ao espírito a verdade, à criança o guia, e ao órfão o pai!*
>
> *Senhor, que a Vossa Bondade se estenda sobre tudo o que criastes. Piedade, Senhor, para aquele que vos não conhece, esperança para aquele que sofre. Que a Vossa Bondade permita aos espíritos consoladores derramarem por toda a parte, a paz, a esperança, a fé.*
>
> *Deus! Um raio, uma faísca do Vosso Amor pode abrasar a Terra; deixai-nos beber nas fontes dessa bondade fecunda e infinita, e todas as lágrimas secarão, todas as dores se acalmarão.*

E um só coração, um só pensamento subirá até Vós, como um grito de reconhecimento e de amor.

Como Moisés sobre a montanha, nós Vos esperamos com os braços abertos, oh Poder!, oh Bondade!, oh Beleza!, oh Perfeição!, e queremos de alguma sorte merecer a Vossa Divina Misericórdia.

Deus, dai-nos a força para ajudar o progresso, a fim de subirmos até Vós; dai-nos a caridade pura, dai-nos a fé e a razão; dai-nos a simplicidade que fará de nossas almas o espelho onde se refletirá a Vossa Divina e Santa Imagem.

Assim seja.

Pai Nosso Umbandista

Pai nosso que estás nos céus, nas matas, nos mares e em todos os mundos habitados.

Santificado seja o Teu nome, pelos Teus filhos, pela natureza, pelas aguas, pela luz e pelo ar que respiramos.

Que o Teu reino, reino do bem, do amor e da fraternidade, nos una a todos e a tudo que criaste, em torno da sagrada cruz, aos pés do Divino Salvador e Redentor.

Que a Tua vontade nos conduza sempre para o culto do Amor e da Caridade.

Dá-nos hoje e sempre a vontade firme para sermos virtuosos e úteis aos nossos semelhantes.

Dá-nos hoje o pão do corpo, o fruto das matas e a agua das fontes para o nosso sustento material e espiritual.

Perdoa, se merecermos, as nossas faltas e dá o sublime sentimento do perdão para os que nos ofendam.

Não nos deixes sucumbir ante a luta, dissabores, ingratidões, tentações dos maus espíritos e ilusões pecaminosas da matéria.

Envia, Pai, um raio de tua Divina complacência, Luz e Misericórdia para os teus filhos pecadores que aqui habitam, pelo bem da humanidade.

Que assim seja, em nome de Olorum, Oxalá e de todos os mensageiros da Luz Divina.

Credo Umbandista

Creio em Deus, Onipotente e Supremo; creio nos Orixás e nos Espíritos Divinos que nos trouxeram para a Vida por Vontade de Deus.

Creio nas Falanges Espirituais, orientando os homens na vida terrena; creio na reencarnação das almas e na Justiça divina, segundo a Lei do Retorno; creio na comunicação dos Guias Espirituais, encaminhando-nos para a Caridade e a prática do Bem; creio na invocação, na Prece e na Oferenda, como atos de fé e creio na Umbanda, como religião redentora, capaz de nos levar pelo caminho da evolução até o nosso Pai Oxalá.

Salmo 23 na Umbanda

Oxalá é meu Pastor, nada me faltará.

Deitar-me faz nos verdes campos de Oxóssi.

Guia-me, Pai Ogum, mansamente nas águas tranquilas de Mãe Nanã Buruquê.

Refrigera minha alma meu Pai Obaluaê.

Guia-me, Mãe Iansã, pelas veredas da Justiça de Xangô.

Ainda que andasse pelo Vale das Sombras e da Morte de meu Pai Omulu, eu não temeria mal algum, porque Zambi, está sempre comigo.

A tua vara e o teu cajado, são meus guias na direita e na esquerda.

Me consola Mamãe Oxum. Prepara uma mesa cheia de Vida perante mim, minha Mãe Iemanjá.

Exu e Pombogira vos oferendo na presença de meus inimigos.

Unge a minha coroa com o óleo consagrado a Olorum, e o meu cálice, que é meu coração, transborda. E certamente que a bondade e a misericórdia de Oxalá estarão comigo por todos os dias.

E eu habitarei na casa dos Orixás, que é Aruanda por longos dias!

Que assim seja!

SARAVÁ!!

Oração ao Criador

Senhor Deus, criador do Céu e da Terra,

Poderoso é Vosso nome! Grande é vossa misericórdia!

Em nome de Vosso filho, Jesus Cristo, recorremos a Vós, neste momento, para pedir bênçãos para nossa vida, se for do nosso merecimento.

Que Vossa Divina Luz incida sobre nós.

Com Vossas poderosas mãos, retirai todo o mal, todos os problemas e todos os perigos que estejam ao nosso redor.

Que as forças negativas que nos abatem e nos entristecem se desfaçam no sopro de Vossa bênção.

Que o Vosso poder destrua todas as barreiras que impedem o nosso progresso.

E do Céu, Vossas virtudes penetrem em nosso Ser, dando-nos Paz, Amor, Tranquilidade, Harmonia e Equilíbrio.

Abri, Senhor, os nossos caminhos.

Que nossos passos sejam dirigidos por Vós, para que não tropecemos na caminhada da Vida.

Que nosso viver, nosso lar e nosso trabalho sejam por Vós abençoados.

Entregamo-nos em Vossas mãos poderosas, na certeza de que tudo iremos alcançar.

Agradecemos em nome do Pai, do Filho e do Espírito Santo.

Amém.

A dimensão ecológica

Por ser uma religião ecológica, em que o corpo, a mente e o espírito se conectam com o meio ambiente, a Umbanda está atenta às questões do meio ambiente. Por esse motivo, cada vez mais os umbandistas têm consciência de como utilizar materiais que ano agridam a natureza. Exemplo disso são os pentes feitos com materiais não poluentes entregues em oferendas a Iemanjá, no mar, onde também a alfazema é vertida (no mar, em barquinhos etc.) de modo a não se deixar ali os vidros.

A dimensão ecológica na Umbanda permite ao ser humano sentir-se parte da mesma, e não seu senhor absoluto. Portanto, cuidar da água, do planeta, dedicar-se à agricultura que alimente a todos é cuidar de si mesmo, do próprio ser humano e, naturalmente (com o perdão do trocadilho), da natureza humana (emoções, aspectos psicológicos diversos etc.).

Em tempo: O Livro Sagrado da Umbanda é a Natureza. Os outros são livros sobre Umbanda.

Abaixo estão duas propostas/ações que alguns terreiros têm adotado, em especial em Santa Catarina.

Compostagem orgânica

Processo biológico de reaproveitamento de materiais que vem sendo adotado em diversos terreiros. Nas palavras do dirigente espiritual, professor de Geografia, escritor e divulgador do processo Giovani Martins,

> *"(...) com relação às oferendas, após o tempo mínimo de permanência no altar ou em outros locais sagrados dos Terreiros, são tratadas em sistema de geração de adubos denominado compostagem orgânica. A compostagem é um processo biológico em que os micro-organismos transformam a matéria orgânica, como folhas, papel e restos de comida num material semelhante ao solo, a que se chama composto, e que pode ser utilizado como adubo. Os adubos produzidos a partir desse sistema são utilizados nos herbários que ficam localizados nos próprios Terreiros, em que são plantadas todas as ervas destinadas ao culto aos Orixás e demais atividades ritualísticas. No sistema de compostagem são aproveitadas as frutas, as comidas de santo e outras oferendas que possibilitem o tratamento e reutilização (as carnes vermelhas e/ou brancas não entram no sistema de compostagem). Com a compostagem dá-se uma finalidade sustentável para as oferendas e, ao mesmo tempo em que melhora a estrutura e aduba o solo, gera redução de herbicidas e pesticidas devido à presença de fungicidas naturais e micro-organismos, aumentando a retenção de água no solo."*

SISTEMA DE INCINERAÇÃO

Processo de tratamento de lixo que vem sendo adotado em diversos terreiros. Nas palavras do dirigente espiritual, professor de Geografia, escritor e divulgador do sistema Giovani Martins,

"(...) os resíduos e despachos provenientes dos ebós, que até então eram jogados em locais públicos, passam agora pela incineração para depois serem devidamente enterrados em áreas de plantio e reflorestamento. A incineração de resíduos, principalmente do lixo, é uma prática muito antiga, ainda hoje comum nas zonas rurais. Apesar da queima em céu aberto colaborar para a poluição atmosférica com os gases de combustão, a queima ainda é uma alternativa viável para a eliminação dos resíduos. Com a incineração existe uma redução de aproximadamente 80% no volume do material. Os incineradores hoje utilizados nos Terreiros em sua maioria são domésticos, ou seja, construídos de forma artesanal com tijolo e cimento. Nos ebós não são utilizados plásticos, metais e outros materiais que acarretariam problemas ambientais mesmo incinerados. A combustão de plásticos clorados (PVC), por exemplo, resulta no ácido clorídrico altamente poluente, devendo de fato ser evitado."

Como há entregas em que se usam, por exemplo, moedas e outros objetos, os mesmos não podem passar por esse processo, tendo outro encaminhamento.

A dimensão dialógica

A Umbanda e a Espiritualidade no Terceiro Milênio

Abaixo são listados dez tópicos bastante valorizados cada vez mais na Espiritualidade do Terceiro Milênio e algumas das maneiras como a Umbanda com ele dialoga. Esses tópicos, infelizmente, ao longo do tempo, foram negligenciados por muitos segmentos religiosos, contudo têm sido ressignificados senão pelos mesmos ao menos por muito de seus adeptos com o intuito de oxigenar suas relações com o Sagrado, pela mediação feita pela religião; as relações interpessoais com irmãos que comungam da mesma fé e participam da mesma religião e o diálogo ecumênico e inter-religioso.

Holismo

Por ser uma religião ecológica, a Umbanda visa ao equilíbrio do trinômio corpo, mente e espírito, a saúde física, o padrão de pensamento e o desenvolvimento espiritual de cada indivíduo.

Ecumenismo e Diálogo Inter-religioso

Além de ter suas portas abertas a todo e qualquer espírito (encarnado ou desencarnado) que deseje vivenciar a Espiritualidade de acordo com suas diretrizes, a Umbanda mantém fortes laços dialógicos com as mais diversas tradições religiosas e/ou espirituais, algumas das quais a influenciaram bastante em vários aspectos, dentre eles, a ritualística. A Umbanda não é proselitista.

É fato que as Religiões de Matriz Africana são alvo de preconceito, discriminação e intolerância, em vários níveis, por grande parte da sociedade. Contudo, o que mais fere e enfraquece é a desunião entre irmãos.

Enquanto umbandistas pensarem e declararem "Eu não gosto do Candomblé!" ou "Se o pessoal do Candomblé for, eu não vou..."; enquanto candomblecistas acreditarem e afirmarem "A Umbanda é fraquinha..." ou "Essas umbandinhas que estão por aí...", dificilmente caminharemos juntos sob o manto branco de Oxalá.

Já presenciei alguém dizendo a um irmão de outra casa: "Embora não seja a forma de sincretismo como o Orixá é tratado em nossa casa, gostaria de parabenizar...". Ora, como posso ir ao encontro de um irmão iniciando meu gesto com um "embora" ou um "apesar de"? Onde está o respeito à diversidade? Essa inconsciência me lembrou a fala de um amigo reverendo anglicano, que comentava o quanto é triste ver irmãos católicos romanos presentes em ordenações de reverendas anglicanas negando-se a participar da mesa da comunhão.

Aceitar e respeitar a diversidade não significa perder a identidade.

Umbandistas e candomblecistas, vivenciando o respeito entre ambas as religiões, o amor e o diálogo cidadão e legal (em todos os sentidos) certamente se propagarão em outras esferas.

LUZ PARA O DIÁLOGO

(Texto lido no encontro inter-religioso, em 06/05/2015, em homenagem aos 50 anos da Fundação Universitária Regional de Blumenau – SC, no qual representei a Umbanda)

Boa noite a todos nesta linda celebração inter-religiosa pelos 50 anos da FURB, instituição na qual comecei a lecionar recentemente.

Eu me chamo Ademir, mais conhecido pelo apelido de Dermes. Sou umbandista, Pai Pequeno da Tenda de Umbanda Iansã Matamba e Caboclo Jiboia, dirigida por Mãe Karol de Iansã. Costumo dizer que, assim como a Umbanda, Mãe Karol é muito simples. Porém, tem um gosto refinado e por isso me escolheu para marido. A ela e a nossos filhos o meu amor. Peço orações e boas vibrações por Karol, que, daqui a pouco e após longos quatro anos de espera, fará uma delicada cirurgia, em Itajaí.

O Hino da Umbanda se inicia com os seguintes versos "Refletiu a Luz Divina/Com todo seu esplendor". Aliás, o Hino foi composto por um irmão fisicamente cego, mas espiritualmente iluminado. A Luz Divina, que reflete no coração de cada um de nós acende-se de diversas maneiras. Costumo dizer que Deus é poliglota, fala todas as línguas. Cada religião ou filosofia espiritualista é uma dessas línguas. Deus entende todas. Quando aprendo a língua (isto é, a religião) do meu irmão, comunico-me melhor com ele. Em vez de perder minha identidade, eu a reforço, pois sempre falarei a língua de meu irmão, mas não perderei o sotaque. Esse é um dos princípios do diálogo inter-religioso.

Todos nós, com nossas maneiras peculiares de expressar a fé, precisamos caminhar juntos. Buscamos a convivência, e não apenas a tolerância. Tolerar algo é aceitar fazendo caretas. Há pessoas que têm intolerância à lactose, por exemplo. Outros desenvolvem intolerância a sistemas religiosos que sejam diferentes dos seus. Ora, como posso ter a pretensão de aprisionar a Luz Divina, apresentando-me como seu único e exclusivo reflexo?

Teme-se o que não se conhece. Isso é literalmente "ignorância", do grego "não conhecer". Com o diálogo fraterno, aprende-se a respeitar. Com o coração aberto, aprende-se a amar. Num estado laico, religião também é questão de cidadania. Por isso, nosso encontro aqui, hoje, além de sagrado, é fraterno e também político, no melhor sentido do termo, pois transforma este auditório na "ágora" (praça) de uma "pólis" (cidade), onde seus moradores e reúnem para dialogar.

Meus irmãos, a Umbanda, enquanto um dos feixes da Luz Divina, é uma religião inclusiva não apenas no que tange a segmentos sociais encarnados, mas também à própria Espiritualidade. Nasceu no plano físico, dentre várias razões, pelo fato de determinados espíritos de luz não encontrarem pouso em determinadas reuniões de cunho religioso em virtude de sua roupagem fluídica de, por exemplo, Caboclos e Pretos Velhos. Assim como as demais religiões ditas afro-brasileiras, a Umbanda ainda é rechaçada pelas trevas da ignorância (ou seja, do "não saber"), acusada de fazer o mal, argumento que, por si só, fere o conceito primeiro da religião, vale lembrar o *re-ligare* com o Divino. Se algo faz mal e fere o livre-arbítrio não pode ser religioso.

Como um dos pontos de Luz da Espiritualidade entre os encarnados, a Umbanda está de portas aberta, sempre, não apenas para os que desejam visitar seus templos, mas também para que seus filhos venham para a rua, para as praças, as bibliotecas, Câmaras Municipais e outros espaços irmanarem-se como umbandistas e também como cidadãos. É exatamente o diálogo iluminado com irmãos não adeptos das religiões afro-brasileiras que nos auxilia a não precisarmos mais louvar Orixás, Guias e Guardiões de modo velado, ao fundo de senzalas físicas ou simbólicas.

Meus irmãos, Mestre Jesus, com o qual se sincretiza o Orixá Oxalá, nos convoca a ser "Luz no mundo" e afirma que "ninguém acende uma luz para colocá-la sob a cama". Precisamos, no diálogo, na palavra e na ação, ter coragem e ao mesmo tempo humildade para, com nossa luz e sombra, brilharmos. Faz algum tempo, escrevi um pequeno texto chamado "Umbanda: Luz Divina":

> *Firmar (acender velas) me lembra que até um fósforo pode ajudar a iluminar uma sala. Agradeço à Espiritualidade a oportunidade de ser um fósforo pequenininho ajudando a firmar a Umbanda ("Luz Divina", como diz seu Hino) por onde passo e vivo.*

Na certeza de que o momento mais escuro da madrugada antecede a Luz do amanhecer, saúdo a todos e agradeço à FURB por este momento de paz e fraternidade.

Parabéns a todos!

Saravá!

Axé!

Valorização da vivência/ experiência pessoal

Embora tenha uma teologia própria e, em virtude do forte sincretismo, por vezes ainda vivencie pontos doutrinários de outras tradições religiosas e/ou espiritualistas, a Umbanda valoriza a experiência pessoal (concepções, opiniões, formas de vivenciar a espiritualidade etc.), respeitando o livre pensamento e irmanando a todos em seus rituais e nas mais diversas atividades caritativas, de modo a respeitar as diferenças, sem tratá-las ostensivamente como divergências.

Fé e cotidiano: a concretude da fé

Fortemente marcada pela ecologia, a Umbanda convida a todos a vivenciar sua fé no cotidiano, cuidando do próprio corpo, do meio ambiente, vivenciando relações saudáveis etc. Exemplo: cultuar o Orixá Oxum é, ao mesmo tempo, um convite para se viver amorosamente o cotidiano, de forma compassiva, e utilizar os recursos hídricos de maneira consciente (escovar os dentes com a torneira fechada, não jogar lixo nas águas etc.). A gira literalmente prossegue no cotidiano.

Fé e Ciência: uma parceria inteligente

Allan Kardec, Dalai Lama e outros líderes fazem coro: se a Ciência desbancar algum ponto de fé, sem dúvida, a opção é ficar com a Ciência. A Umbanda possui fundamentos próprios, de trabalhos religiosos, energéticos, magísticos, contudo os mesmos não devem confundir-se com superstição e obscurantismo. Por outro lado, sua Alta Espiritualidade, muitas vezes ensinada de maneira analógica/simbólica, é cotidianamente explicada pela Ciência, na linguagem lógica/racional. A medicina dos Pretos-Velhos, por exemplo, é complementar à do médico com formação universitária, e vice-versa: ambas dialogam, não se excluem.

SIMPLICIDADE

A construção de templos, a realização de festas e outros devem visar à gratidão, ao entrelaçamento de ideais, ao conforto e ao bem-estar, e não à ostentação pseudo-religiosa, à vaidade dos médiuns e dos dirigentes espirituais. Mestre Jesus, na vibração de Oxalá, simbolicamente nasceu numa gruta e, posto numa manjedoura, fez do ambiente um local de grande celebração, envolvendo pastores e reis magos.

LEITURA E COMPREENSÃO DO SIMBÓLICO

Para vivenciar a espiritualidade umbandista de maneira plena, é preciso distinguir a letra e o espírito, no tocante, por exemplo, aos mitos e às lendas dos Orixás, aos pontos cantados e riscados etc. Quando se desconsidera esse aspecto, existe a tendência de se desvalorizar o diálogo ecumênico e inter-religioso, assim como a vivência pessoal da fé. O simbólico é um grande instrumento para a reforma íntima, o autoaperfeiçoamento, a evolução.

COOPERATIVISMO

Numa comunidade, cada individualidade faz a diferença. Por essa razão, o cooperativismo não é vivenciado apenas em trabalhos que envolvam atividade física, mas também, por exemplo, na manutenção de padrão vibratório adequado ao ambiente e aos cuidados com a língua e a palavra, de modo a não prejudicar ninguém.

LIDERANÇA: AUTORIDADE NÃO RIMA COM AUTORITARISMO

Num terreiro, todos são líderes, cada qual em sua área de atuação, do irmão mais novo na casa ao dirigente espiritual. Essa liderança deve ser exercida amorosamente, a exemplo do Mestre Jesus, o qual, simbolicamente lavou os pés dos Apóstolos.

O EXERCÍCIO DO LIVRE-ARBÍTRIO

A Umbanda não ensina a entrega do poder pessoa, da consciência e do livre-arbítrio nas mãos dos Orixás, dos Guias e Guardiões ou dos dirigentes espirituais. A caminhada espiritual-evolutiva, é única, pessoal e intransferível.

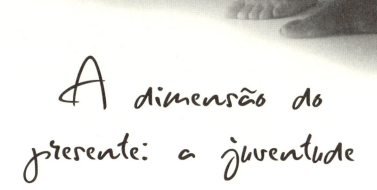

A dimensão do presente: a juventude

As crianças e os adolescentes não são apenas o futuro da Umbanda, mas também seu presente, em ambos os sentidos: como dom e como sujeitos hodiernos, do momento, do agora.

O Batismo na Umbanda, conforme visto acima, não força ninguém a permanecer na religião. Tem o seu fundamento como sacramento, como ritual de apresentação à comunidade, contudo, ao longo da caminhada espiritual e/ou do desenvolvimento mediúnico, cada qual decidirá se a Umbanda é realmente seu caminho de amor, devoção e serviço.

Nas comunidades umbandistas é importante criarem-se grupos de crianças e adolescentes para encontros, e não apenas para ensaios para apresentações públicas, por exemplo. O envolvimento de dirigentes espirituais, pais e responsáveis é fundamental para fomentar a identidade umbandista entre crianças e adolescentes. Não se trata apenas de conhecer a religião, seus fundamentos, sua liturgia, mas também de privilegiar o lúdico (em especial com as crianças) e os anseios, sonhos e conflitos (em especial com os adolescentes, sobretudo no que tange à sexualidade, ao vestibular, ao primeiro emprego, ao namoro etc.).

A popularmente chamada família de Santo é um espaço de acolhimento e desenvolvimento e respeita a diversidade de composições familiares: heterossexuais, homossexuais, casais com filhos de outros relacionamentos, lares que se abriram para a adoção etc. O núcleo das composições familiares, para a Umbanda, acalenta o amor, o respeito, a convivência harmoniosa e dialógica, o desenvolvimento das potencialidades etc.

A respeito da pedofilia e de todas as formas de violações de direitos das crianças e dos adolescentes, a Umbanda acolhe tanto a vítima quanto o agressor, por entender este último como doente do espírito que necessita reerguer-se, reeducar-se e encontrar o seu centro. Contudo, esse acolhimento jamais deverá ferir novamente e sucessivas vezes a vítima, ou ainda, excluir os encaminhamentos civis e legais de apoio e proteção à mesma.

MEDITAÇÕES DA GALERA UMBANDISTA

Médium não é X-Man, não tem poderes, mas dons, que precisam ser desenvolvidos, trabalhados e colocados à disposição da comunidade.

Orixá não é personagem de *cards*, com superpoderes que vão detonar os inimigos, ou seja, aqueles que nos fazem mal ou discordam de nós. Orixás são divindades, procedem da Fonte Divina, agem em nome dessa Fonte para o equilíbrio.

Guia no pescoço não é correntinha, bijuteria ou *piercing*. É proteção, tem função litúrgica; é, ainda, símbolo de ligação com os Orixás, Guias, Guardiões.

Roupa de Santo não é *fashion week* de Orixá, é uniforme de trabalho, de serviço, forma de se apresentar aos Orixás, aos Guias, aos Guardiões para serviço de autoconhecimento, equilíbrio e caridade para com o próximo.

Ponto cantado não é samba, não é funk, não é pagode, nem forma de seduzir alguém do templo ou da assistência: é firmeza do Orixá, para a casa e o próprio médium.

Dançar para o Santo não é faze bailão, coreografia de programa de auditório ou dança de salão: é manifestar a alegria e comungar do Axé de cada Orixá, de cada Linha.

Sejam realmente filhos de Orixá, irmãos de todos e, ao mesmo tempo, aprendizes e mestres dos mais velhos, pois todos temos experiências para trocar e crescer juntos, na fé e na fraternidade.

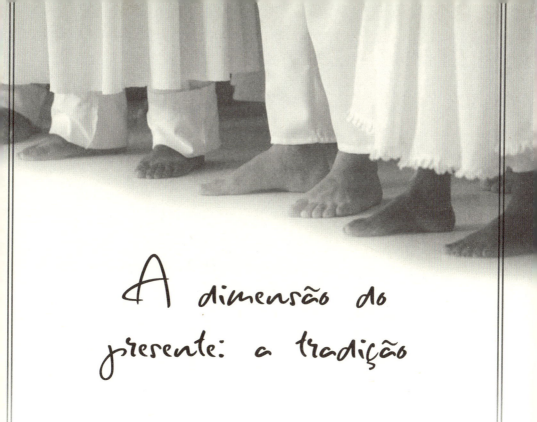

A dimensão do presente: a tradição

Pautada pelo amor, pelo respeito e pela caridade, a Umbanda fomenta o convívio e o diálogo entre os idosos e os mais jovens. Os mais velhos são valorizados não apenas por uma questão quantitativa (anos vividos), mas pela qualidade do que se vive e constrói, de forma dinâmica (experiência e sabedoria).

Assim como se presta respeito especial aos chamados Orixás decanos, em especial a Oxalá (Oxalufã), Nanã e Obaluaê, bem como aos Pretos-Velhos, os idosos merecem carinho, respeito, atenção, cuidados especiais adequados à sua condição etc. Não se trata de privilégio, mas de amor e reconhecimento, seja pela questão da longevidade cronológica, seja pelo tempo de desenvolvimento e serviço amoroso na religião para com Orixás, Guias e Guardiões, com o próximo e, evidentemente, consigo mesmo.

A dimensão da inclusão

A Umbanda é uma religião que nasce da exclusão e da impossibilidade de expressão da própria Espiritualidade em dado segmento religioso no plano físico. Sincrética por natureza, e não apenas no que tange a fundamentos, teologia, liturgia e representações, acolhe (e deve acolher) a todos, sem proselitismo e preconceito.

Gênero

No quesito sexualidade, ao contrário do que comumente se pensa, a homossexualidade é uma orientação/condição sexual do médium, não estando atrelada ao Orixá. Quem tem um Orixá dito metá metá (energia masculina e feminina), por exemplo, não será necessariamente homossexual ou bissexual.

Por sua vez, a forte presença de homossexuais, tanto masculinos quanto femininos, na Umbanda (e, claro, em outras religiões), deve-se à acolhida, à compreensão e ao fato de não serem segregados, discriminados ou apontados, o que, além de falta de caridade denota infração a diversos direitos civis. O mesmo vale para irmãos transexuais e outras tantas formas de gênero e expressão de afeto.

Metá-metá ou metametá: são assim denominados os Orixás de natureza dupla, que carregam a energia masculina e feminina, certamente também pela semelhança com o vocábulo português "metade". Contudo, em iorubá, "méta-méta" significa "três ao mesmo tempo". No caso, Logun-Edé, por exemplo, seria metá-metá porque traz em si a sua natureza, a do pai (Oxóssi) e a da mãe (Oxum).

Como as portas de uma casa umbandista devem estar abertas para todos, a comunidade deve envolver-se, por exemplo, com o resgate de irmãos usuários de drogas e outros, os quais, no atendimento espiritual e sócio-assistencialista poderão encontrar a oportunidade de recomeço. Aliás, as oportunidades de acolhimento e serviço são múltiplas. Cada templo pode transformar-se num ponto de recolhimento de agasalhos para doação, num ponto de cultura para desenvolvimento de projetos diversos, num centro de atendimento para idosos. Para tanto, é preciso consultar-se com a Espiritualidade, reconhecer e desenvolver o carisma da comunidade umbandista de cada templo, planejar-se, organizar-se e servir amorosamente. Em outras palavras, a comunidade umbandista, a partir das características acima e conforme sua real disponibilidade, se abrirá para todos não apenas nos saborosos dias de homenagem a Cosme, Damião e Doum. Portas abertas significa acolhimento, mas também ir à rua em busca do outro, amorosamente e sem proselitismo.

Aos irmãos especiais (física, psicologicamente etc.) cabe acolhimento especial. Por isso é importante que cada templo, associação, federação etc. privilegiem seu conforto e a acessibilidade, pautados pela caridade, pelo bom senso, pelas leis vigentes e por orientações especializadas.

Como o acolhimento mínimo nem sempre é uma realidade, por vezes a convivência numa comunidade umbandista torna-se uma experiência traumática, com implicações psicológicas e cármicas para os diversos envolvidos. Some-se a isso o fato de o umbandista, além de sofrer discriminação, de modo geral, por parte de diversos segmentos sociais e em ambientes como escola e trabalho, muitas vezes é discriminado e mesmo ridicularizado em seu núcleo familiar. Também no seio do próprio movimento umbandista (vale dizer, de organizações e iniciativas que visam a valorizar e dar visibilidade à religião de Umbanda, buscando afirmá-la respeitosamente na sociedade), por vezes o umbandista é segredado, marginalizado e mesmo excluído. Essas lamentáveis e dolorosas formas de exclusão serão abordadas a seguir.

TRADIÇÃO, AUTORIDADE E AUTORITARISMO

Nas religiões de matriz africana, de modo geral, os mais novos devotam respeito aos mais velhos, enquanto os mais velhos respeitam os mais novos. Essa tradição, que visa ao equilíbrio, por vezes se vê adulterada pelo autoritarismo.

Num terreiro, todos são líderes, cada qual em sua área de atuação, do irmão mais novo na casa ao dirigente espiritual. Essa liderança deve ser exercida amorosamente, a exemplo do Mestre Jesus, o qual, simbolicamente lavou os pés dos Apóstolos.

Vale lembrar que autoridade significa responsabilidade. Como diz um lindo ponto cantado de Caboclos, "na minha aldeia, lá na Jurema/ninguém faz nada sem ordem suprema".

BULLYING ESPIRITUAL

Alguns exemplos que desestruturam a vida espiritual de um terreiro:

a) Não se respeitar a formação de médium, seja dirigente espiritual, membro da corrente ou egresso de outra casa;

b) Querer passar à frente da direção espiritual da casa;

c) Boicotar médiuns sob alegação de que pretendem passar à frente da direção espiritual da casa;

d) Gritar, xingar, agir com agressividade e prepotência;

e) Atropelar orientações dadas pelo Guia-chefe da casa, impondo-lhe opinião própria e/ou adulterada.

Lembro-me da história de uma dirigente espiritual que tratava um médium egresso de outra casa com muita diferença e, por vezes, indiferença. Numa gira, a casa estava lotada, o médium estava com muita dor de cabeça e não bateu cabeça durante a para um Orixá. A dirigente espiritual disse com sarcasmo que ele deveria bater cabeça, pois todos sabiam que ele era capaz de fazer aquilo. Pela lógica, se o médium batia cabeça em todas as giras, não seria a conclusão natural perceber que havia algo errado? Além disso, por que interpelá-lo em público? Tal atitude feriu a relação de confiança e, pelo constrangimento impingindo ao médium, artigos da legislação vigente. O médium optou por esperar por momento mais adequado para conversar a respeito com a dirigente espiritual, sem esperança de sucesso.

MARMOTA OU MARMOTAGEM

Em linhas gerais, trata-se de atitudes extravagantes que fogem aos fundamentos das religiões de matriz africana. A marmotagem não deve ser confundida com a diversidade de elaboração e expressão de fundamentos religiosos.

Exemplos de marmotagem: simulação de incorporação; pombogira fazendo compras em shopping center; baianos e boiadeiros bebendo em barracas de praia durante festa de Iemanjá; caboclo ensinando filho de santo a usar máquina fotográfica durante uma gira; preto velho passando número de celular de médium para consulente etc.

Quantas pessoas são vítimas de falsos sacerdotes ou médiuns desequilibrados que prestam grande desserviço às religiões de matriz africana, além de alimentar a incredulidade, a dor e, por vezes, sentimentos ainda mais negativos entre os que são enganados. Certamente há também os que comungam da energia da marmotagem, uma vez que procuram os que lhes façam "amarrações" e outros absurdos que ferem o livre-arbítrio, a lógica, a Lei Divina.

TRAUMA E RECOMEÇO

Desligar-se de uma família de Santo não é o mesmo de deixar a casa de origem para começar nova família. Ao contrário, corresponde a um divórcio: por mais amigável que seja, há sempre trauma, apontamentos, olhares enviesados, acusações etc.

Se, por um lado, há filhos de Santo ingratos e desrespeitosos, também existem dirigentes espirituais que, infelizmente, não desenvolveram o tato, a diplomacia, a gentileza. Em ambos os casos, apela-se para a experiência espiritual como substituto á convivência humana e fraterna, de modo a minimizar as dores emocionais e psicológicas. Obviamente, a estratégia não funciona.

Filiar-se a uma família de Santo é uma relação de confiança, não necessariamente de territorialidade. Dificilmente o membro de uma comunidade deixará de frequentá-la porque foi aberto um terreiro perto de sua casa. Não existem paróquias nas religiões de matriz africana: trata-se de famílias. E os membros de uma família residem perto ou longe, reunindo-se periodicamente.

Dessa forma, desfiliar-se representa desligar-se da orientação espiritual e da condução da coroa de um médium, que poderá cessar seu desenvolvimento, seu trabalho ou procurar nova casa, além de, como tem sido cada vez mais comum, com ou sem preparo adequado, abrir a própria casa.

Por outro lado, se a convivência fraterna se torna insustentável ou a confiança é quebrada por abuso de poder, marmotagem ou outra razão, o desligamento pode significar o recomeço ou a retomada da vida espiritual em comum, com alegria, esperança e o exercício do perdão. A justa medida, da qual conhecemos ainda apenas vislumbres, caminha lado a lado com a compaixão.

Preconceito na família

No Brasil, a discriminação das chamadas religiões de matriz africana, historicamente, supera o preconceito em relação a outros segmentos religiosos e/ou espiritualistas também marginalizados, excluídos, estereotipados pelo senso comum e pela ignorância (literalmente, "não conhecimento", "desconhecimento").

Certamente um traço de união entre todos esses segmentos literalmente demonizados é a dor de sentir-se discriminado na própria família.

Acusações em vez de conversa, apontamentos em vez de reflexões amorosas, questionamentos obtusos em vez de perguntas, simplesmente afastam as possibilidades de diálogo e de integração. Nesse sentido, tenho recolhido uma série de depoimentos, que acabam por servir terapeuticamente como válvula de escape, alívio e afirmação da própria identidade perante a família e a comunidade em geral.

A título de exemplos: o umbandista chamado de fanático por familiar em casa de parentes, durante um cafezinho de domingo; outro, também umbandista, que, desempregado, era constantemente alvo de críticas, segundo as quais, estava sem trabalho oficial e renda por não procurar recolocação profissional e dedicar-se desequilibradamente à vida espiritual; o Ogã (Candomblé) cuja família não foi a sua saída, em município distante, contudo certamente teria comparecido à sua ordenação sacerdotal quando o mesmo professava a fé católica; outro umbandista que conseguiu unir a família espírita ("kardecista") em torno do Evangelho no Lar, embora familiares questionassem sua forma de vivenciar a espiritualidade.

Imagine-se o desconforto e a dor desses irmãos, alguns dos quais vivenciam ao mesmo tempo todas essas histórias e outras na própria pele e no mesmo núcleo familiar!

A arrogância e o farisaísmo arrotam sem pudores a superioridade de uma expressão religiosa/espiritual sobre as demais, nunca a compaixão, a razão, o diálogo e a (tentativa) de aproximação.

FÁBULA UMBANDISTA

Era uma vez um dirigente espiritual que sonhava em criar o Dia da Umbanda em seu município. Pediu orientação aos Orixás, Guias e Guardiões, que o aconselharam a se juntar a seus pares para encaminhar um projeto de lei à Câmara Municipal.

Assim fez o dirigente. Marcou uma reunião e compareceram quase todos os dirigentes espirituais da cidade. Um ou outro não pôde em virtude da data e do horário. Outros, desconfiados, preferiram se ausentar. Pequeno grupo não foi por inveja ("Ah, se a ideia fosse minha..."). Mas a maioria foi e opinou.

O projeto ficou bem elaborado, redondinho. O mesmo aconteceu com a primeira versão de como seria a celebração quando o projeto fosse aprovado. Todos tinham certeza da vitória.

O dirigente que tudo coordenou começou a dar entrevistas e a visitar terreiros, compor o júri de festivais de curimba, participar de giras e festejos diversos. Não encaminhou o projeto. Argumentava que não havia pressa e não tinha tempo.

Quando tudo estava quase caindo no esquecimento ou no descrédito, o dirigente convidou outros dirigentes para compor uma comissão. De pronto aceitaram, fizeram contatos, conseguiram apoios antes resistentes.

O dirigente quase não se envolvia, dizia preferir distanciar-se. Por outro lado, não afirmava mais nas entrevistas "nós fizemos, nós desejamos", e sim "eu fiz, eu desejo". Dizia que os mais velhos nada fizeram pela Umbanda. Sozinho, alterou o projeto e as demais propostas antes ratificadas por todos e postou-os num blog, com itens que contradiziam os fundamentos básicos da religião de Umbanda. Quando questionado por seus pares, respondeu que eles somente atrapalhavam, deveriam recolher-se a seus terreiros e não mais participar. Não atendia a suas ligações fraternas, bloqueou-os em redes sociais. Também nas redes sociais passou a apresentar-se como "ferido", "traído", "sozinho".

Sua atitude egocêntrica debelou parceiros sinceros e empenhados, abrindo portais para críticos de plantão contra a Umbanda, obsessores e outros. O distanciamento de seus pares ocasionou a falência do projeto inicial: o município até hoje não tem o seu Dia da Umbanda. Aliás, o projeto de lei sequer foi enviado a despeito dos esforços da comissão convocada pelo próprio dirigente. Sonha, agora, em unificar os rituais de Umbanda, criar uma representação única da religião e escrever um livro sobre a mesma que seja considerado sagrado.

O que o irmão nunca saberá é que a ação dos obsessores ainda não o consumiu pela ação dos Orixás, Guias e Guardiões que não se distanciam dele, embora ele sim tenha tomado distância dos mesmos, e pelas constantes preces dos demais dirigentes espirituais afastados do projeto/da proposta original, que nunca deixaram de orar pelo irmão que cada vez mais se perdia nos caminhos amorosamente abertos pela Espiritualidade para serem trilhados não de modo isolado, mas fraternalmente.

Fim?

Ademir Barbosa Júnior (Dermes)

MULHERES

(Com a bênção e a licença de todas as Iabás; de minha esposa, Mãe Karol de Iansã, e de todas as Mães que já cuidaram de meu Ori...)

Na Umbanda as mulheres se parelham com os homens em todas as atividades: da assistência à direção espiritual da casa, passando pela cozinha, pela função de cambone, pela curimba e pelo toque. Não há distinção: a Umbanda não é nem patriarcal nem matrifocal.

Evidentemente, existem períodos de resguardo em determinados trabalhos espirituais em virtude da menstruação, não por representar algo sujo, mas pelo processo de refazimento energético pelo qual passa a mulher, e não apenas no corpo físico. Isso é definido e decidido em cada casa e cada caso, pela Espiritualidade, pelos dirigentes espirituais sempre em diálogo franco e aberto com cada mulher. O mesmo vale para a gravidez e o trabalho mediúnico, em especial o da incorporação.

Vale lembrar que, tanto no caso da menstruação quanto no da gestação, há cuidados especiais por razões físicas e energéticas, contudo ambas as situações não configuram doença, como bem lembram as mulheres aos homens incautos.

— • —

Oxalá tinha três mulheres, sendo a principal uma filha de Oxum. As outras duas nutriam grande ciúmes da filha de Oxum, a qual cuidava dos paramentos e das ferramentas de Oxalá.

Sempre buscando prejudicar a filha de Oxum, um dia em que as ferramentas de Oxalá secavam ao sol enquanto a filha de Oxum cuidava de outros afazeres, as outras duas esposas os pegaram e os jogaram ao mar. A filha de Oxum ficou inconsolável.

Uma menina que era criada pela filha de Oxum tentou consolá-la, porém nada animava a principal esposa de Oxalá. Ouvindo um pescador passando pela rua apregoando seus peixes, a filha de Oxum pediu para a menina comprar alguns para a festa que se organizava. Quando os peixes, foram abertos, ali estavam as ferramentas de Oxalá.

As outras duas esposas de Oxalá não desistiram de prejudicar a filha de Oxum e armaram novo estratagema.

No dia da festa, ao lado do trono de Oxalá, à sua direita, estava a cadeira da esposa principal. Em dado momento, quando ela se ausentou, as outras duas esposas colocaram na cadeira um preparado mágico. Quando a esposa principal de Oxalá se sentou, percebeu que estava sangrando e saiu em disparada. Oxalá, indignado por ela haver quebrado um tabu, expulsou-a.

A filha de Oxum, então, foi à casa de sua mãe, em busca de auxílio. Oxum preparou-lhe um banho de folhas numa bacia. Depois do banho, envolveu a filha em panos limpos e a pôs para descansar numa esteira. A água da bacia, vermelha, havia se transformado nas penas ecodidé, raras e preciosas.

Oxalá gostava muito dessas penas, contudo tinha dificuldade em encontrá-las. Ouviu dizer que Oxum tinha essas penas, pois a filha de Oxum andara aparecendo em algumas festas ornada com penas ecodidé. Foi, então, à casa de Oxum, onde encontrou a própria esposa, a quem reabilitou.

Então, Oxalá colocou uma pena vermelha em sua testa e decretou que, a partir daquele dia, os iniciados passariam a usar uma pena igual em suas testas, ornando as cabeças raspadas e pintadas, para que os Orixás mais facilmente os identificassem.

UMBANDA PÉ NO CHÃO

Quando se diz que a Umbanda é pé no chão não significa que não possa haver giras com médiuns calçados. "Pé no chão" representa centramento, despojamento e humildade.

Centramento – os médiuns têm a consciência de que são instrumentos e, como bons instrumentos, procuram manter-se limpos (higiene, equilíbrio emocional e espiritual etc.) e atualizados (serviços na casa, preces, meditação, estudo, palestras etc.)

Despojamento – por mais simples que seja uma casa, tudo nela é lindo quando se procura a espiritualidade, e não a ostentação. Se a casa consegue organizar uma grande ou uma pequena homenagem para Orixás, Guias e Guardiões, conforme o espaço físico, o orçamento e o tamanho da assistência, pouco importa: o fundamental é a intenção, a conexão com a Espiritualidade, a devoção e o carinho com que tudo é compartilhado (Axé, sentimentos, comida, sacolinhas de doces etc.).

Humildade – ser humildade não significa ser servil ou humilhado. A humildade na vida espiritual representa uma escolha, um comportamento adequado às funções que se tem numa casa. Não importa **o que** se faz, mas **como** se faz: um não é mais importante que o outro, e todos são necessários (dirigentes espirituais, cambones, médiuns de incorporação, Ogãs, assistência, visitas etc.).

O aprendizado na Umbanda pé no chão é constante e não tem fim. Todos somos aprendizes, e não apenas no templo religioso. A gira continua no cotidiano. O Axé recebido num trabalho, o ensinamento de um Guia, o recado de um Guardião: tudo precisa ser vivido e experimentado nos vários ambientes e nas mais diversas situações. Afinal, na Umbanda aprende-se o equilíbrio mental, espiritual, emocional, o amor ao próximo, o respeito aos elementos da natureza e aos pontos de força etc. Tudo isso é vivenciado na família, no emprego, nas viagens, nos momentos de crise etc., e não apenas no terreiro.

A caminhada espiritual na Umbanda, com o pé no chão, é muito mais amorosa e segura. Caminhar com salto alto somente atrasa o percurso e cansa os pés.

Orixá é Amor Verdadeiro, e Amor Verdadeiro nunca faz mal. Orixás, Guias e Guardiões caminham conosco na expectativa de que nós também caminhemos com eles.

Bibliografia

LIVROS

AFLALO, Fred. *Candomblé: uma visão do mundo*. São Paulo: Mandarim, 1996. 2ª ed.

BARBOSA JÚNIOR, Ademir. *Búzios – A linguagem dos Orixás*. São Paulo: Anúbis, 2016.

_____. *A Bandeira de Oxalá – pelos caminhos da Umbanda*. São Paulo: Nova Senda, 2013.

_____. *Umbanda – O caminho das pedras – romance umbandista*. São Paulo: Anúbis, 2015.

_____. *Curso essencial de Umbanda*. São Paulo: Universo dos Livros, 2011.

_____. *Dicionário de Umbanda*. São Paulo: Anúbis, 2015.

_____. *O essencial do Candomblé*. São Paulo: Universo dos Livros, 2011.

_____. *Guia prático de plantas medicinais*. São Paulo: Universo dos Livros, 2005.

_____. *Mitologia dos Orixás: lições e aprendizados*. São Paulo: Anúbis, 2014.

_____. *Nanã*. São Paulo: Anúbis, 2014.

_____. *No reino dos Caboclos*. São Paulo: Anúbis, 2015.

_____. *Obaluaê*. São Paulo: Anúbis, 2014.

_____. *Orixás: cinema, literatura e bate-papos*. São Paulo: Anúbis, 2015.

_____. *Oxumaré*. São Paulo: Anúbis, 2014.

_____. *Fala Zé Pelintra – Palavras de Doutor* (Ditado pelo Sr. Zé Pelintra). São Paulo: Anúbis, 2016.

_____. *Para conhecer a Umbanda*. São Paulo: Universo dos Livros, 2013.

_____. *Para conhecer o Candomblé*. São Paulo: Universo dos Livros, 2013.

_____. *Por que riem os Erês e gargalham os Exus – o bom humor na religiosidade afro-brasileira*. São Paulo: Anúbis, 2015.

_____. *Reiki: A Energia do Amor*. São Paulo: Anúbis, 2015.

_____. *Tarô dos Orixás*. São Paulo: Anúbis, 2015.

_____. *Transforme sua vida com a Numerologia*. São Paulo: Universo dos Livros, 2006.

_____. *Umbanda – um caminho para a Espiritualidade*. São Paulo: Anúbis, 2014.

_____. *Xangô*. São Paulo: Anúbis, 2014.

_____. *Xirê: orikais – canto de amor aos orixás*. Piracicaba: Editora Sotaque Limão Doce, 2010.

BARBOSA, Karol Souza. *Novos pontos cantados de Umbanda – o fundamento cognitivo da religião*. São Paulo: Anúbis, 2016.

_____. *Tarô dos Guardiõe*. São Paulo: Anúbis, 2016.

BARCELLOS, Mario Cesar. *Os Orixás e a personalidade humana*. Rio de Janeiro: Pallas, 2007. 4ª ed.

BATISTA D'OBALUAYÊ. *Mitologia dos Odus*. Rio de Janeiro: Império da Cultura, 2012.

BORDA, Inivio da Silva et al. (org.). *Apostila de Umbanda*. São Vicente: Cantinho dos Orixás, s/d.

CABOCLO OGUM DA LUA (Espírito). *Ilê Axé Umbanda*. São Paulo: Anúbis, 2011. Psicografado por Evandro Mendonça.

CACCIATORE, Olga Gudolle. *Dicionário de Cultos Afro-brasileiros*. Rio de Janeiro: Forense Universitária, 1977.

CAMARGO, Adriano. *Rituais com ervas: banhos, defumações e benzimentos*. Rio de Janeiro: Livre Expressão, 2013. 2ª ed.

CAMPOS JR., João de. *As religiões afro-brasileiras: diálogo possível com o cristianismo*. São Paulo: Editora Salesiana Dom Bosco, 1998.

CARYBÉ. *Iconografia dos deuses africanos no Candomblé da Bahia*. São Paulo: Editora Raízes, 1980. (Com textos de Jorge Amado, Pierre Verger e Valdeloir Rego.)

CHEVALIER, Jean e GHEERBRANT, Alain (orgs.). *Dicionário de símbolos*. Rio de Janeiro: José Olympio, 2008. Tradução: Vera da Costa e Silva *et al*. 22ª ed.

CIPRIANO DO CRUZEIRO DAS ALMAS (Espírito). *O Preto Velho Mago: conduzindo uma jornada evolutiva*. São Paulo: Madras Editora, 2014. Psicografado por André Cozta.

CONGO, Pai Thomé do (Espírito). *Relatos umbandistas*. São Paulo: Madras, 2013. Anotações por André Cozta.)

CORRAL, Janaína Azevedo. *As Sete Linhas da Umbanda*. São Paulo: Universo dos Livros, 2010.

_____ . *Tudo o que você precisa saber sobre Umbanda* (volumes 1, 2 e 3). São Paulo: Universo dos Livros, 2010.

FAUR, Mirella. *Mistérios nórdicos: deuses, runas, magias, rituais*. São Paulo: Pensamento, 2007.

FERAUDY, Roger. (Obra mediúnica orientada por Babajiananda/ Pai Tomé.) *Umbanda, essa desconhecida*. Limeira: Editora do Conhecimento, 2006. 5ª ed.

FERREIRA, Paulo Tadeu Barbosa. Orixá *Bará: nação religiosa de Cabinda*. Porto Alegre: Toquí, 1997.

D'IANSÃ, Eulina. *Reza forte*. Rio de Janeiro: Pallas, 2008. 4ª ed.

LEONEL (Espírito) e Mônica de Castro (médium). *Jurema das Matas*. São Paulo: Vida & Consciência, 2011.

LIMAS, Luís Filipe de. *Oxum: a mãe da água doce*. Rio de Janeiro: Pallas, 2007.

LINARES, Ronaldo (org.). *Iniciação à Umbanda*. São Paulo: Madras Editora, 2008.

_____ . *Jogo de Búzios*. São Paulo: Madras Editora, 2007.

LOPES, Nei. *Enciclopédia brasileira da Diáspora Africana*. São Paulo: Selo Negro, 2004.

LOURENÇO, Eduardo Augusto. *Pineal, a glândula da vida espiritual – as novas descobertas científicas*. Limeira: Editora do Conhecimento, 2010.

MAGGIE, Yvonne. *Guerra de Orixá: um estudo de ritual e conflito*. Rio de Janeiro: Jorge Zahar Editor, 2001. 3ª ed.

MALOSSINI, Andrea. *Dizionario dei Santi Patroni*. Milano: Garzanti, 1995.

MARTÍ, Agenor. *Meus oráculos divinos: revelações de uma sibila afrocubana*. Rio de Janeiro: Bertrand Brasil, 1994. (Tradução de Rosemary Moraes.)

MARTINS, Cléo. *Ao sabor de Oiá*. Rio de Janeiro: Pallas, 2003.

_____ . *Euá*. Rio de Janeiro: Pallas, 2001.

_____ . *Nanã*. Rio de Janeiro: Pallas, 2001.

MARTINS, Giovani. *O jogo de búzios no ritual de Almas e Angola – Orixás, Numerologia, técnicas, rezas e ebós*. São Paulo: Ícone, 2013.

_____ . *Umbanda de Almas e Angola*. São Paulo: Ícone, 2011.

_____ . *Umbanda e Meio Ambiente*. São Paulo: Ícone, 2014.

MARSICANO, Alberto e VIEIRA, Lurdes de Campos. *A Linha do Oriente na Umbanda*. São Paulo: Madras Editora, 2009.

MOURA, Carlos Eugênio M. de (org). *Candomblé: religião do corpo e da alma*. Rio de Janeiro: Pallas, 2000.

_____ . *Culto aos Orixás, Voduns e Ancestrais nas Religiões Afro-brasileiras*. Rio de Janeiro: Pallas, 2006.

MUNANGA, Kabengelê e GOMES, Nilma Lino. *Para entender o negro no Brasil de hoje: história, realidades, problemas e caminhos*. São Paulo: Global: Ação Educativa Assessoria, Pesquisa e Informação, 2004.

NAPOLEÃO, Eduardo. *Yorùbá – para entender a linguagem dos orixás*. Rio de Janeiro: Pallas, 2010.

NASCIMENTO, Elídio Mendes do. *Os poderes infinitos da Umbanda*. São Paulo: Rumo, 1993.

NEGRÃO, Lísias. *Entre a cruz e a encruzilhada*. São Paulo: Edusp, 1996.

OMOLUBÁ. *Maria Molambo na sombra e na luz*. São Paulo: Cristális, 2002. 10ª ed.

ORPHANAKE, J. Edson. *Os Pretos-Velhos*. São Paulo: Pindorama, 1994.

OXALÁ, Miriam de. *Umbanda: crença, saber e prática*. Rio de Janeiro: Pallas, 2007. 2ª ed.

PARANHOS, Roger Bottini (Ditado pelo espírito Hermes.). *Universalismo crístico*. Limeira: Editora do Conhecimento, 2007.

PENTEADO, Flávio. *A batalha dos portais*. São Paulo: Nova Senda, 2014.

_____ . *Umbanda: uma religião sem fronteiras*. São Paulo: Nova Senda, 2014.

PIACENTE, Joice (médium). *Dama da Noite*. São Paulo: Madras Editora, 2013.

_____ . *Sou Exu! Eu sou a Luz*. São Paulo: Madras Editora, 2013.

PINTO, Altair. *Dicionário de Umbanda*. Rio de Janeiro: Livraria Editora Eco, 1971.

PIRES, Edir. *A Missionária*. Capivari: Editora EME, 2006.

PORTUGAL FILHO, Fernandez. *Magias e oferendas afro-brasileiras*. São Paulo: Madras Editora, 2004.

_____ . *Ossayn – o Orixá das folhas*. 3ª ed., Rio de Janeiro, Eco, s/d.

PORTUGAL FILHO, Fernandez e Omolubá. *Manual prático do jogo de búzios – por Odu e pelo jogo da Oxum*. São Paulo, Cristális, 2006.

PRANDI, Reginaldo. *Mitologia dos Orixás*. São Paulo: Companhia das Letras, 2001.

RAMATÍS (Espírito) e PEIXOTO, Norberto (médium). *Chama crística*. Limeira: Editora do Conhecimento, 2004. 3ª ed.

_____ . *Diário mediúnico*. Limeira: Editora do Conhecimento, 2009.

_____ . *Evolução no Planeta Azul*. Limeira: Editora do Conhecimento, 2005. 2ª ed.

_____ . *Mediunidade e sacerdócio*. Limeira: Editora do Conhecimento, 2010.

_____ . *A Missão da Umbanda*. Limeira: Editora do Conhecimento, 2006.

_____ . *Umbanda de A a Z*. Limeira: Editora do Conhecimento, 2011. (Org.: Sidnei Carvalho.)

_____ . *Umbanda pé no chão*. Limeira: Editora do Conhecimento, 2005.

_____ . *Vozes de Aruanda*. Limeira: Editora do Conhecimento, 2005. 2ª ed.

RIBEIRO, Darcy. *O povo brasileiro: a formação e o sentido do Brasil*. São Paulo: Companhia das Letras, 1995. 2ª ed.

RIES, Julien. *O sentido do sagrado nas culturas e nas religiões*. Aparecida: Ideias & Letras, 2008 (tradução de Silvana Cobucci Leite).

RISÉRIO, Antonio. *Oriki Orixá*. São Paulo: Perspectiva, 1996.

RIVAS NETO, F. *Umbanda: o arcano dos 7 Orixás*. São Paulo: Ícone, 1993.

RUDANA, Sibyla. *Os mistérios de Sara: o retorno da Deusa pelas mãos dos ciganos*. São Paulo: Cristális, 2004.

SAMS, Jamie. *As cartas do caminho sagrado*. Rio de Janeiro: Rocco, 2003. (Tradução de Fabio Fernandes.)

SALES, Nívio Ramos. *Búzios: a fala dos Orixás*. Rio de Janeiro: Pallas, 2005. 2ª ed.

SANTANA, Ernesto (Org.). *Orações umbandistas de todos os tempos*. Rio de Janeiro: Pallas, 2006. 4ª ed.

SANTOS, Orlando J. *Orumilá e Exu*. Curitiba, Editora Independente, 1991.

SARACENI, Rubens. *Rituais umbandistas: oferendas, firmezas e assentamentos*. São Paulo: Madras Editora, 2007.

SELJAN, Zora A. O. *Iemanjá: Mãe dos Orixás*. São Paulo: Editora Afro-brasileira, 1973.

SILVA, Carmen Oliveira da. *Memorial Mãe Menininha do Gantois*. Salvador: Ed. Omar G., 2010.

SILVA, Flávia Lins. *A folia de Pilar na Bahia*. Rio de Janeiro: Jorge Zahar, 2002.

SILVA, Ornato J. *Iniciação de muzenza nos cultos bantos*. Rio de Janeiro: Pallas, 1998.

SILVA, Vagner Gonçalves da. *Candomblé e Umbanda: caminhos da devoção brasileira*. São Paulo: Ática, 1994.

SILVA, W. W. da Matta. *Umbanda e o poder da mediunidade*. São Paulo: Ícone, 1997.

SOUZA, Leal de. *O Espiritismo, A Magia e As Sete Linhas de Umbanda*. Limeira: Editora do Conhecimento, 2008. 2ª ed.

_____. *Umbanda Sagrada*. São Paulo: Madras Editora, 2006. 3ª ed.

SOUZA, Marina de Mello. *África e Brasil Africano*. São Paulo: Ática, 2008.

SOUZA, Ortiz Belo de. *Umbanda na Umbanda*. São Paulo: Editora Portais de Libertação, 2012.

SUSSOL, Max. *Os maus costumes na Umbanda que devem ser eliminados*. São Paulo: Sartorato, 1993.

TAQUES, Ivoni Aguiar (Taques de Xangô). *Ilê-Ifé: de onde viemos*. Porto Alegre: Artha, 2008.

TAVARES, Ildásio. *Xangô*. Rio de Janeiro: Pallas, 2002. 2ª ed.

TRINDADE, Diamantino. *Você sabe o que é Macumba? Você sabe o que é Exu?* São Paulo: Ícone, 2013.

VVAA. *Educação Ambiental e a Prática das Religiões de Matriz Africana*. Piracicaba, 2011. (cartilha)

VVAA. *Orientações e Ações para a Educação das Relações Étnico-Raciais*. Brasília: SECAD, 2006.

VVAA. *Plano Nacional de Desenvolvimento Sustentável dos Povos e Comunidades Tradicionais de Matriz Africana 2013 – 2015*. Brasília: Secretaria de Políticas de Promoção da Igualdade Racial, 2013.

VERGER, Pierre. *Orixás – deuses iorubás na África e no Novo Mundo*. Salvador: Corrupio, 2002. (Tradução de Maria Aparecida da Nóbrega.) 6ª ed.

WADDELL, Helen (tradução). *Beasts and Saints*. London: Constable and Company Ltd., 1942.

JORNAIS E REVISTAS

A sabedoria dos Orixás – volume I, s/d.
Folha de São Paulo, 15 de julho de 2011, p. E8.
Jornal de Piracicaba, 23 de janeiro de 2011, p. 03.
Revista Espiritual de Umbanda – número 02, s/d.
Revista Espiritual de Umbanda – Especial 03, s/d.
Revista Espiritual de Umbanda – número 11, s/d.

SÍTIOS NA INTERNET

http://alaketu.com.br
http://aldeiadepedrapreta.blogspot.com
http://answers.yahoo.com
http://apeuumbanda.blogspot.com
http://babaninodeode.blogspot.com
http://catolicaliberal.com.br
http://centropaijoaodeangola.net
http://colegiodeumbanda.com.br
http://comunidadeponteparaaliberdade.blogspot.com.br
http://espaconovohorizonte.blogspot.com.br/p/aumbanda-umbanda-esoterica.html
http://eutratovocecura.blogspot.com.br
http://fogoprateado-matilda.blogspot.com.br

http://umbandadejesus.blogspot.com.br
http://fotolog.terra.com.br/axeolokitiefon
http://jimbarue.com.br
http://juntosnocandomble.blogspot.com
http://letras.com.br
http://luzdivinaespiritual.blogspot.com.br
http://mundoaruanda.com
http://ocandomble.wordpress.com
http://ogumexubaraxoroque.no.comunidades.net
http://okeaparamentos.no.comunidades.net
http://opurgatorio.com
http://orixasol.blogspot.com
http://oyatopeogumja.blogspot.com
http://povodearuanda.blogspot.com
http://povodearuanda.com.br
http://pt.fantasia.wikia.com
http://pt.wikipedia.org
http://religioesafroentrevistas.wordpress.com
http://templodeumbandaogum.no.comunidades.net
http://tuex.forumeiros.com
http://umbanda.portalguife.com.br/
http://xango.sites.uol.com.br
http://www1.folha.uol.com.br
http://www.brasilescola.com
http://www.desvendandoaumbanda.com.br
http://www.dicio.com.br
http://www.genuinaumbanda.com.br
http://www.guardioesdaluz.com.br
http://www.igrejadesaojorge.com.br
http://www.ileode.com.br

http://www.kakongo.kit.net
http://www.maemartadeoba.com.br
http://www.oldreligion.com.br
http://www.oriaxe.com.br
http://www.orunmila.org.br
http://www.pescanordeste.com.br
http://www.priberam.pt
http://www.religiosidadepopular.uaivip.com.br
http://www.siteamigo.com/religiao
http://www.terreirodavobenedita.com
http://www.tuccaboclobeiramar.com.br

O autor

Ademir Barbosa Júnior (Dermes) é umbandista, escritor, pesquisador e Pai Pequeno da Tenda de Umbanda Iansã Matamba e Caboclo Jiboia, dirigida por sua esposa, a escritora e blogueira Mãe Karol Souza Barbosa.

Contatos:
E-mail: ademirbarbosajunior@yahoo.com.br.
WhatsApp: 47 97741999.

Outras publicações

FALA ZÉ PELINTRA – PALAVRAS DE DOUTOR

Ademir Barbosa Júnior (Dermes) – Ditado pelo Sr. Zé Pelintra

A vida precisa ser trilhada com sabedoria. Malandragem é saber dançar conforme as possibilidades e sem perder o passo, é jogar capoeira e aprender a cair para não cair, é não perder tempo com besteira, com supérfluo, com suposições e aproveitar cada instante, fazendo comungar o corpo e o espírito. Isso é Malandragem.

Malandro não tira nada de ninguém, mas está por perto quando a fruta mais doce cai, quando a flor mais linda brota, quando o vento melhor passa, quando a chuva mais refrescante desce do céu. Malandragem é estar no aqui e agora, sem se deixar escravizar.

Formato: 14 x 21 cm – 160 páginas

BÚZIOS – A LINGUAGEM DOS ORIXÁS

Ademir Barbosa Júnior (Dermes)

Este livro faz uma apresentação do que sejam os búzios, os Odus, os Orixás mais diretamente ligados a esse sistema oracular e outras tantas informações. Serve como referência para que o leitor conheça um pouco mais a respeito do tema e tenha critérios para selecionar as pessoas de sua confiança para jogar e interpretar. Também proporciona ao leitor a oportunidade de meditar e aprofundar-se no autoconhecimento a partir do conhecimento básico dos principais caminhos (Odus).

Formato: 16 x 23 cm – 160 páginas

MENSAGENS DOS GUIAS DE UMBANDA

Ademir Barbosa Júnior (Dermes)

A Espiritualidade tem outro tempo e fala sempre que necessário. Por meio de recados, intuições, ditados, psicografia: os métodos são múltiplos. Contudo foi-me solicitado um livro pelo Boiadeiro Sr. João do Laço. Algum tempo depois, pelo Sr. Exu Veludo. O mais prático e de acordo com a possibilidade de tempo foi fazer um livro único com mensagens de vários Guias e o resultado está aqui, o livro *Mensagens dos Guias de Umbanda*.

Saravá Umbanda! Abraço, gratidão e Axé!

Formato: 14 x 21 cm – 128 páginas

MEDITAÇÃO, AUTOCONHECIMENTO E DICAS PARA O DIÁLOGO

Ademir Barbosa Júnior (Dermes)

A sabedoria da meditação consiste em aprender a tornar-se mestre de si mesmo. Independentemente da filosofia espiritualista a que se dedique, ou da comunidade religiosa de que faça parte.

Portanto, ao participar de grupos de meditação, aprenda, questione, debata e não entregue seu poder pessoal a ninguém! Afinal, VOCÊ É SEU PRÓPRIO MESTRE!

Formato: 14 x 21 cm – 160 páginas

Outras publicações

POR QUE SOU UMBANDISTA? –
Memórias de um Dirigente Espiritual Teologicamente Incorreto

Ademir Barbosa Júnior (Dermes)

A Umbanda é o caminho que toca o meu coração por vários motivos, dentre eles a ausência de dogmas, a fundamentação explicada de forma lógica e analógica, a maneira como se organizam suas egrégoras de trabalho (Linhas) e a diversidade das mesmas, a pluralidade de suas matrizes, enfim. É uma religião de portas abertas, em que os sacramentos são administrados a quem o desejar, os tratamentos espirituais são universais, uma vez que não é proselitista e, portanto, não exige adesão. Solicita o compromisso de autoconhecimento de todos os que lhe frequentam os templos e exige disciplina dos médiuns, uma vez que mediunidade sem disciplina é como amor sem compromisso.

Por que sou umbandista? Porque é o caminho do meu coração.

Formato: 14 x 21 cm – 160 páginas

CANDOMBLÉ – UMA RELIGIÃO ECOLÓGICA

Ademir Barbosa Júnior (Dermes)

Este livro tem como objetivo apresenta[r] um quadro sobre o Candomblé, respeitar[ndo] sua pluralidade e diversidade. Não s[e] trata de um manual ou de um livro sob[re] Teologia. Também não pretende chancel[ar] os fundamentos desta ou daquela Nação[,] casa ou conjunto de casas.

No Candomblé não se faz nada que fi[ra] o livre-arbítrio, assim como na Espir[i]tualidade nada acontece que fira as Le[is] Divinas, cujos pressupostos conhecemo[s] apenas palidamente.

Religião nascida no Brasil, ao contrári[o] do que reza o senso comum, o Candomb[lé] é totalmente ecológico. Nele, o home[m] integra a natureza, não a domina ou e[x]plora deliberadamente. A circulação [da] Energia (Axé) é contínua e ininterrupta[.]

Formato: 16 x 23 cm – 160 páginas

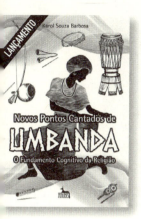

NOVOS PONTOS CANTADOS DE UMBANDA – O FUNDAMENTO COGNITIVO DA RELIGIÃO

Karol Souza Barbosa

Este livro disponibiliza novos pontos cantados de Umbanda, ordenados como pontos de raiz, provindos da espiritualidade (psicografia), e pontos terrenos, escritos pela autora (pautados nos fundamentos religiosos e que auxiliem a conexão vibratória necessária com as Potências spirituais).

AS CLAVÍCULAS DE SALOMÃO – AS SAGRADAS MAGIAS CERIMONIAIS DO REI

Carlinhos Lima

Fonte primordial, celeiro da Magia Cabalística e origem de muitas das magias cerimoniais dos tempos medievais, as *Clavículas* sempre foram estimadas e valorizadas pelos escritores ocultistas, como uma obra da maior autoridade; e notáveis ocultistas mais próximos de nosso tempo, como o grande Eliphas Levi, Aleister Crowley e outros, tomaram como modelo para seus celebrados trabalhos. Um bom exemplo é a excepcional obra *"Dogmas e Rituais da Alta Magia"* de Eliphas Levi, que se baseou profundamente nas Clavículas.

Na verdade, o buscador vai perceber facilmente que não só Levi se baseou nas *Clavículas de Salomão*, mas, foram muitos os que o tomaram como seu livro de estudo.

Formato: 16 x 23 cm – 144 páginas

Formato: 16 x 23 cm – 288 páginas

Outras publicações

RITUAIS DE UMBANDA

Evandro Mendonça

Este livro é uma junção de antigos rituais, bem simples e fáceis de fazer, e que só vem a somar àqueles médiuns ou terreiros iniciantes.

Mas, poucos sabem que esses rituais foram, são e sempre serão, regidos por uma lei que sempre se chamou, que a chamamos e sempre chamaremos Umbanda com amor e respeito.

Portanto, dentro da religião de Umbanda, ter conhecimento dessas leis, forças, rituais e etc., significa poder.

Formato: 16 x 23 cm – 192 páginas

RITUAIS DE QUIMBANDA – LINHA DE ESQUERDA

Evandro Mendonça

Essa obra é mais um trabalho dedicado aos que querem e buscam um pouco mais de conhecimento sobre como trabalhar com os exus e pombas-gira.

São rituais simples, mas muito eficazes, que podem ajudar muito o dia a dia de um médium e de um terreiro de Umbanda.

Espero que façam um bom uso desses rituais, e nunca esqueçam a lei do livre arbítrio, ação e reação e do merecimento de cada um. Somos livres para plantarmos o que quisermos, mas somos escravos para colhermos o que plantamos.

Formato: 16 x 23 cm – 224 páginas

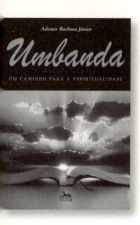
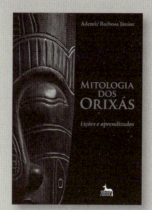

UMBANDA – UM CAMINHO PARA A ESPIRITUALIDADE

Ademir Barbosa Júnior (Dermes)

Este livro traz algumas reflexões sobre a Espiritualidade das Religiões de Matriz Africana, notadamente da Umbanda e do Candomblé. São pequenos artigos disponibilizados em sítios na internet, notas de palestras e bate-papos, trechos de alguns de meus livros.

Como o tema é amplo e toca a alma humana, independentemente de segmento religioso, acrescentei dois textos que não se referem especificamente às Religiões de Matriz Africana, porém complementam os demais: "Materialização: fenômeno do algodão" e "Espiritualidade e ego sutil".

Espero que, ao ler o livro, o leitor se sinta tão à vontade como se pisasse num terreiro acolhedor.

Formato: 16 x 23 cm – 144 páginas

MITOLOGIA DOS ORIXÁS – LIÇÕES E APRENDIZADOS

Ademir Barbosa Júnior (Dermes)

O objetivo principal deste livro não é o estudo sociológico da mitologia iorubá, mas a apresentação da rica mitologia dos Orixás, que, aliás, possui inúmeras e variadas versões.

Não se trata também de um estudo do Candomblé ou da Umbanda, embora, evidentemente, reverbere valores dessas religiões, ditas de matriz africana.

Foram escolhidos alguns dos Orixás mais conhecidos no Brasil, mesmo que nem todos sejam direta e explicitamente cultuados, além de entidades como Olorum (Deus Supremo iorubá) e as Iya Mi Oxorongá (Mães Ancestrais), que aparecem em alguns relatos.

Formato: 16 x 23 cm – 144 páginas

Outras publicações

DICIONÁRIO DE UMBANDA
Ademir Barbosa Júnior (Dermes)

Este dicionário não pretende abarcar toda a riqueza da diversidade do vocabulário umbandista em território nacional e no exterior, muito menos das suas variações litúrgicas, das vestimentas, do calendário, dos fundamentos etc., a qual muitas vezes varia de casa para casa, de segmento para segmento.

Como critério de seleção, optou-se pelos vocábulos de maior ocorrência, contudo sem desprezar regionalismos, variantes e outros.

Vocábulos específicos dos Cultos de Nação aparecem na lista, ou porque fazem parte do cotidiano de algumas casas de Umbanda, ou porque se referem a práticas comuns nas casas ditas cruzadas.

Formato: 16 x 23 cm – 256 páginas

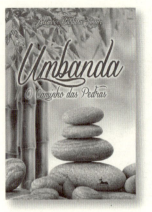

UMBANDA – O CAMINHO DAS PEDRAS
Ademir Barbosa Júnior (Dermes)

O resumo desse farto material compõe as narrativas que se seguem, nas quais evidentemente, preservei as identidades dos encarnados e desencarnados envolvidos, bem como as identidades dos Guias e Guardiões, assim como as dos templos umbandistas.

Para facilitar a compreensão e privilegiar a essência dos casos estudados, cada narrativa é a síntese de visitas, conferências e exibições de casos, sem que se aponte a cada instante qual o método utilizado.

As narrativas possuem caráter atemporal e representam algumas das sombras da alma humana, em constante evolução, com ascensões e quedas diárias. Trata-se de situações que ocorrem em qualquer ambiente, recordando o conselho crístico de orar e vigiar.

Formato: 16 x 23 cm – 144 páginas

OR QUE RIEM OS ERÊS E ARGALHAM OS EXUS?

demir Barbosa Júnior (Dermes)

á diversos livros sobre Espiritualidade e m humor em diversos segmentos reli- osos ou espiritualistas. Este livro é uma equena contribuição para o riso cons- ente, saboroso, e não para o bullying para se apontar o dedo. O objetivo é r *com*, e não rir *de*.

m tempo, além de motivados pela ale- ia, os Erês riem também para descar- gar os médiuns, tranquilizar e suavi- r os que falam com ele, harmonizar o nbiente etc.

os Exus e as Pombogiras gargalham o apenas por alegria. Suas gostosas rgalhadas são também potentes mantras sagregadores de energias deletérias, nitidos com o intuito de equilibrar es- cialmente pessoas e ambientes.

rmato: 14 x 21 cm – 128 páginas

NO REINO DOS CABOCLOS

Ademir Barbosa Júnior (Dermes)

Este livro é um pequeno mosaico sobre os Caboclos, estes Guias tão importantes para o socorro e o aprendizado espirituais, cuja ação ultrapassa as fronteiras das re- ligiões de matrizes indígenas e africanas para chegar, ecumenicamente e sob for- mas diversas, ao coração de todos aqueles que necessitam de luz, orientação, alento e esperança.

Formato: 16 x 23 cm – 144 páginas

Outras publicações

ORIXÁS – CINEMA, LITERATURA E BATE-PAPOS

Ademir Barbosa Júnior (Dermes)

Este livro apresenta alguns textos para reflexões individuais e coletivas. A primeira parte dele aborda curtas e longas-metragens em que Orixás, Guias e Guardiões são representados, relidos, recriados. A segunda parte traz propostas de leituras da riquíssima mitologia dos Orixás, como oralitura e literatura. Já a terceira parte deste livro apresenta textos seminais para que se compreenda a história e a luta do Povo de Santo, bem como as alegrias e dores individuais da filiação de Santo.

Possam os textos sempre favorecer o diálogo e, quando necessário, contribuir para o debate.

Formato: 14 x 21 cm – 144 páginas

REIKI – A ENERGIA DO AMOR

Ademir Barbosa Júnior (Dermes)

Este livro resulta, sobretudo, do diálogo fraterno com reikianos, leitores, interlocutores virtuais e outros.

Não tem a intenção de esgotar o assunto, mas abrirá canais de comunicação para se entender ainda mais a vivência e a prática do Reiki.

Nas palavras de Jung, "Quem olha para fora, sonha; quem olha para dentro, acorda.". O Reiki é um excelente caminho para quem deseja viver conscientemente o dentro e o fora. Basta ter olhos de ver, abrir-se à Energia, no sistema Reiki, por meio de aplicações e/ou de iniciações.

Formato: 16 x 23 cm – 192 páginas

TARÔ DE MARSELHA – MANUAL PRÁTICO

Ademir Barbosa Júnior (Dermes)

O Tarô consiste num oráculo, num instrumento de autoconhecimento, de observação e apreensão da realidade, consultado por meio de cartas.

Como as cartas (ou lâminas, numa terminologia mais técnica), nas mais diversas representações no tempo e no espaço, tratam de arquétipos universais – e o objetivo deste livro não é estabelecer a história do Tarô, o que diversos bons autores já fizeram –, todas as atenções se concentrarão no tipo de baralho estudado: o Tarô de Marselha.

Acompanha um baralho com 22 cartas coloridas, dos Arcanos Maiores.

Formato: 14 x 21 cm – 160 páginas

TARÔ DOS ORIXÁS

Ademir Barbosa Júnior (Dermes)

O Tarô dos Orixás é um oráculo baseado na riquíssima espiritualidade de Orixás, Guias, Guardiões e da Ancestralidade Individualizada (Babá Egun). Idealizado pelo autor, apresenta a sabedoria, os ensinamentos e as lições para cada setor da vida (saúde, amor, finanças etc.) em leituras breves ou mais aprofundadas.

Sempre respeitando o livre-arbítrio, o Tarô dos Orixás é um instrumento seguro de autoconhecimento ou de atendimento e orientação a indivíduos e/ou grupos em busca de experiências centradas e equilibradas, nas quais as luzes e sombras de cada um e do conjunto sejam reconhecidas, respeitadas e integradas.

Com 22 cartas ricamente ilustradas por Miro Souza, o Tarô dos Orixás, mais que um oráculo, é uma fonte de movimentação de Axé para todos os que dele se utilizam.

Formato: 14 x 21 cm – 160 páginas

Outras publicações

SARAVÁ EXU

Ademir Barbosa Júnior (Dermes)

Orixá Exu é bastante controvertido e de difícil compreensão, o que, certamente, o levou a ser identificado com o Diabo cristão.

Responsável pelo transporte das oferendas aos Orixás e também pela comunicação dos mesmos, é, portanto, seu intermediário. Como reza o antigo provérbio: "Sem Exu não se faz nada.".

Responsável por vigiar e guardar as passagens, é aquele que abre e fecha os caminhos.

Neste livro o leitor encontrará esclarecimentos e dúvidas como simbolos, cores, planetas e muito mais curiosidades ligados ao Orixá Exu.

Formato: 14 x 21 cm – 144 páginas

SARAVÁ OXUM

Ademir Barbosa Júnior (Dermes)

Oxum é o Orixá do feminino, da feminilidade, da fertilidade; ligada ao rio de mesmo nome, em especial em Oxogbô, Ijexá (Nigéria).

Senhora das águas doces, dos rios, das águas quase paradas das lagoas não pantanosas, das cachoeiras e, em algumas qualidades e situações, também da beira-mar.

Perfumes, joias, colares, pulseiras e espelhos alimentam sua graça e beleza. Senhora do ouro (na África, cobre), das riquezas, do amor.

Orixá da fertilidade, da maternidade, do ventre feminino

Neste livro o leitor encontrará esclarecimentos e dúvidas como simbolos, cores, planetas e muito mais curiosidades ligados ao Orixá Oxum.

Formato: 14 x 21 cm – 144 páginas

SARAVÁ IEMANJÁ
Ademir Barbosa Júnior (Dermes)

Iemanjá é considerada a mãe dos Orixás, divindade dos Egbé, da nação Iorubá, está ligada ao rio Yemojá. No Brasil, é a rainha das águas salgadas e dos mares.

Protetora de pescadores e jangadeiros, suas festas são muito populares no país, tanto no Candomblé quanto na Umbanda, especialmente no extenso litoral brasileiro. Senhora dos mares, das marés, das ondas, das ressacas, dos maremotos, da pesca e da vida marinha em geral.

Conhecida como Deusa das Pérolas, é o Orixá que apara a cabeça dos bebês na hora do nascimento.

Neste livro o leitor encontrará esclarecimentos e dúvidas como símbolos, cores, planetas e muito mais curiosidades ligados ao Orixá Iemanjá.

Formato: 14 x 21 cm – 144 páginas

SARAVÁ OGUM
Ademir Barbosa Júnior (Dermes)

Ogum é o Orixá do sangue que sustenta o corpo, da espada, da forja e do ferro, é padroeiro daqueles que manejam ferramentas, tais como barbeiros, ferreiros, maquinistas de trem, mecânicos, motoristas de caminhão, soldados e outros.

Patrono dos conhecimentos práticos e da tecnologia, simboliza a ação criadora do homem sobre a natureza, a inovação e a abertura de caminhos em geral.

Neste livro o leitor encontrará esclarecimentos e dúvidas como simbolos, cores, planetas e muito mais curiosidades ligados ao Orixá Ogum!

Formato: 14 x 21 cm – 144 páginas

Distribuição exclusiva

www.aquarolibooks.com.br